LANGENSCHEIDTS MUSTERBRIEFE

100 Briefe Französisch

für Export und Import

Neubearbeitung
von
Stéphane Gragnic

LANGENSCHEIDT
BERLIN · MÜNCHEN · WIEN · ZÜRICH · NEW YORK

Die in den Musterbriefen verzeichneten Namen, Anschriften usw. sind mit einigen Ausnahmen fingiert; die darin enthaltenen Warenpreise sind, das sie dauernden Schwankungen unterliegen, nicht als maßgebend anzusehen.

Auflage:	5.	4.	3.	2.	1.	Letzte Zahlen
Jahr:	2000	99	98	97	96	maßgeblich

Druck: Druckhaus Langenscheidt, Berlin-Schöneberg
Printed in Germany
ISBN 3-468-41153-7

Vorwort

„Langenscheidts Musterbriefe“* haben sich beim Erlernen einer Fremdsprache und beim Abfassen von Geschäftsbriefen in der fremden Sprache seit Jahrzehnten bewährt. Die in dieser Reihe vorgestellten Musterbriefe werden in der Praxis mit großem Nutzen verwendet.

Die vorliegenden Briefe wurden völlig neu gestaltet und in Inhalt, Stil und Form der heutigen Geschäftspraxis angepaßt. Neben einer auf den neuesten Stand gebrachten Einführung in die Form des französischen Geschäftsbriefes mit Hinweisen zu den einzelnen Briefbestandteilen enthalten die einleitenden Kapitel eine Auswahl gängigster Einleitungs- und Schlußformeln, Bemerkungen zur Silbentrennung, Interpunktion und Groß- und Kleinschreibung im Französischen, eine Auflistung wichtiger Vermerke auf Briefen und Briefumschlägen sowie eine Karte der französischen Departements mit ihren Nummern.

Den 100 Musterbriefen zu den verschiedensten Anlässen im modernen Geschäftsleben, die auch im Zeitalter der elektronischen Medien noch in schriftlicher Form abgehandelt werden, folgen verschiedene nützliche Anhänge wie z. B. eine Liste wichtiger Handelsabkürzungen mit u. a. den Incoterms, ein Verzeichnis wichtiger Handelsorganisationen und ein Länderverzeichnis mit Währungen. Anschaulich sind die Musterbriefe im Original-Layout. Ein ausführliches alphabetisches Sachregister am Ende erleichtert den schnellen Zugriff auf den gewünschten Brief oder Geschäftsvorgang.

Der Autor ist geprüfter Übersetzer im Fachbereich Wirtschaft und unterrichtet Wirtschaftsfranzösisch an der Johannes-Kepler-Universität in Linz.

Autor und Redaktion danken den namentlich genannten Firmen für die Bereitstellung der Originalvorlagen.

LANGENSCHEIDT

* „Langenscheidts Musterbriefe“ liegen auch für die englische, italienische, spanische und deutsche Sprache vor. Die in den französischen Musterbriefen verwendeten Namen, Anschriften, Telefon- und Faxnummern sind erfunden.

Inhaltsverzeichnis

Äußere Form und Bestandteile des französischen Geschäftsbriefes

Obwohl die äußere Form des französischen Geschäftsbriefes seit 1982 keinerlei Normen bzw. Vorschriften unterliegt, haben sich bis heute viele Konventionen behauptet, die dazu führen, daß sich der französische Geschäftsbrief in mancher Hinsicht vom deutschen unterscheidet, und zwar hauptsächlich in Anrede und Schlußformel. Abweichungen von diesen Normen wird man in erster Linie bei (meist unkonventionellen und nicht selten handgeschriebenen) Fax-Nachrichten feststellen (siehe Brief Nr. 97).

Die zur Zeit bevorzugte Form des französischen Geschäftsbriefes besteht aus folgenden Teilen:

1. Briefkopf (l'en-tête)
2. Anschrift des Empfängers (la vedette)
3. Bezugszeichen (les références)
4. Datum (la date)
5. Betreff (l'objet)
6. Anrede (l'appel)
7. Brieftext (le corps de la lettre)
8. Schlußformel (la formule de politesse)
9. Unterschrift (la signature)
10. Anlagen (les pièces jointes)
11. Postskriptum (le post-scriptum)

Bestandteile des Briefes

1. Briefkopf (l'en-tête)

Der Briefkopf ist in der Regel auf dem Briefbogen als Vordruck vorhanden oder er wird bei der Arbeit mit dem Computer ins Schreibprogramm eingespeichert. Neben zwingend vorgeschriebenen Vermerken enthält er eine ganze Reihe von praktischen Angaben über den Absender.

Zu den obligatorischen Vermerken gehören:

- Firmenname *(la raison sociale);*
- Ort und Nummer der Handelsregistereintragung *(le lieu et le numéro de l'immatriculation au registre du commerce);*
- Rechtsform des Unternehmens *(la forme juridique de l'entreprise)* sowie Höhe des Grundkapitals *(le montant du capital social)* bei Handelsgesellschaften.

Briefmuster

sanibloc S. A. au capital de 465 000 F R. C. Paris B 702 010 760 Siret 702010760 000 16 – A P E 4901 Siège: 20, rue Jules-Vallès – 75011 Paris Tél.: 01 43 71 91 41 Téléfax: 01 43 71 92 14	**l'en-tête**
Société RENITEX 8, rue Chopin 57320 Bouzonville	**la vedette**
Paris, le 20 mars ...	**la date**
N/Réf: RG / ld Objet: notre commande n° 4340	**la référence** **l'objet**
Madame,	**l'appel**
Lors de la passation de notre commande, nous avions convenu que vous nous livrerez le solde, soit 150 feuilles de RENITEX blanc 2222, pour le début du mois de mai. Ayant impérativement besoin de cette marchandise avant la date prévue, pourriez-vous nous la livrer dans la semaine du 15 avril?	**le corps de la lettre**
Vous remerciant à l'avance, nous vous prions de croire, Madame, à l'assurance de nos sentiments les meilleurs.	**la formule de politesse**
G. de Baudy Directeur des Ventes	**la signature**
P.-S.: Le RENITEX marron est-il disponible en feuilles? Voir échantillon couleur ci-joint.	**le post-scriptum**
P. J.: 1 échantillon	**la pièce jointe**

Darüber hinaus bietet der Briefkopf Platz für zahlreiche weitere Informationen wie z. B. Adresse *(l'adresse)*, Postfach (*B. P.: la boîte postale*), Telexnummer (*le numéro de télex*), Telefon- bzw. Faxnummer (*Tél.: le numéro de téléphone ou le numéro de fax/télécopie*), ja sogar Postscheckkonto (*C. C. P.: Compte chèque postal*)

JackyMaeder

Agréé N· 3633 – R.C. Thonon-les-Bains 72 B 103 – Siren 797 281037 – S.A. au capital de 250 000 F
Domiciliation Bancaire : Crédit Lyonnais, 74100 Annemasse

JACKY MAEDER TRANSPORTS S.A.
GARONOR
B.P. 768
F-93614 Aulnay-sous-Bois CEDEX
Tél. : (1) 48 65 60 39
Télex : 235 312 – Téléfax : (1) 48 65 64 18

Manche dieser Angaben können statt Briefkopf auch unten auf dem Briefbogen (meist kleingedruckt) stehen.

2. Anschrift des Empfängers (la vedette)

Bei der Anschrift sind folgende Merkmale zu beachten:

- Monsieur, Madame, Mademoiselle werden stets ausgeschrieben.
  Madame Jacqueline Grangier; à l'attention de (z.H. von) Monsieur Jacques Hermand
- Die Hausnummer steht vor dem Straßennamen und wird durch ein Komma abgetrennt.
- Im Straßennamen wird das Grundwort (*rue, place,* usw.) mit kleinen, das Bestimmungswort dagegen mit großem Anfangsbuchstaben geschrieben. Während *rue* grundsätzlich ausgeschrieben wird, sind für andere Bezeichnungen folgende Abkürzungen möglich: *av. (avenue), bd (boulevard), pl. (place), rte (route).*

  Beispiel: *COPRAL S.A.R.L., 38, rue Froissard*

  aber, bei fehlender Hausnummer:
  Centre de congrès Auguste Renoir, Place Saint-Maixent
- In Frankreich sind sämtliche Postleitzahlen fünfstellig, wobei die ersten zwei Ziffern dem jeweiligen Departement entsprechen (siehe Tabelle S. 17): *44000 Nantes*
- Bei einigen Großstädten (*Paris, Lyon, Marseille*) wird der Bezirk (*l'arrondissement*) in der Postleitzahl angegeben: *75008 Paris* (= 8. Bezirk)

- Der Hinweis *Cedex* (s. Abkürzungen S. 148) hinter dem Bestimmungsort bedeutet, daß die Firmenpost des Empfängers gesondert zugestellt wird.
- Der Zustellungsort kann mit großem Anfangsbuchstaben (Beispiel: *Metz*) oder in Versalien (*METZ*) geschrieben werden.
- Bei den meisten europäischen Ländern wird das Bestimmungsland durch den entsprechenden internationalen Großbuchstaben vor der Postleitzahl angegeben: *F-57000 Metz*

3. Die Bezugszeichen (les références)

Die Bezugszeichen bestehen gewöhnlich aus den Initialen des für den Brief verantwortlich Zeichnenden sowie aus denen der Schreibkraft. Sie können gegebenenfalls durch andere Angaben (wie z. B. Aktennummer) ergänzt werden. Neben *V/Réf.* bzw. *N/réf.* findet man auch *Vos Réf.* und *Nos Réf.*

4. Datum (la date)

Hinter dem Ortsnamen steht grundsätzlich ein Komma, dann (auf derselben Zeile) das eigentliche Datum: *Oyonnax, le 23 septembre ...*

Hinter dem Monatstag steht (im Unterschied zum Deutschen) kein Punkt.

Die Ordinalzahl wird nur für den Monatsersten benutzt (*le 1er = le premier*), ansonsten verwendet man die Kardinalzahl (*le 2 avril, le 3 mai* usw.).

Der Monatsname wird ausgeschrieben, und zwar mit kleinem Anfangsbuchstaben.

5. Betreff (l'objet)

Der Gegenstand bzw. Inhalt des Briefes steht gelegentlich in Form einer kurz zusammengefaßten Überschrift, wobei das deutsche „Betreff" durch das Wort „*Objet: ...*" wiedergegeben wird: *Objet: votre commande du 5 février.*

6. Die Anrede (l'appel)

Schreibt man an eine bekannte Einzelperson, so wird man sich in der Anrede gewöhnlich nur eines Wortes bedienen: *Monsieur,* bzw. *Madame,* oder bei persönlichen bzw. regelmäßigen Kontakten *Cher Monsieur,* bzw. *Chère Madame,* (letztere Formulierungen sind auch in Werbebriefen durchaus üblich).

Bei Briefen an Unternehmen, wenn der Ansprechpartner nicht bekannt ist, sind Anreden wie: Madame, Monsieur,
Mesdames, Messieurs,
Messieurs,
zu gebrauchen. Danach kommt prinzipiell ein Komma. Die Höflichkeitsformeln wie „Sehr geehrter" usw. dürfen auf keinen Fall übersetzt werden. Man beachte, daß der Name in der Anrede unerwähnt bleibt. Dafür werden Dienstbezeichnungen in einigen

Fällen angegeben: *Monsieur le Président Directeur Général, Madame la Directrice, Monsieur le Directeur des ressources humaines.* Bei Anwälten wird man die Anrede *Maître* verwenden.

7. Brieftext (le corps de la lettre)

Obwohl die Anrede mit einem Komma endet, beginnt der Brieftext mit einem Großbuchstaben. Bei dem Brieftext ist in erster Linie auf die richtige Verteilung des verfügbaren Raumes sowie auf die Gliederung des Textes in einzelne Abschnitte zu achten. Fängt man einen Brief in der Ich-Form an, so muß man bis zum Briefende (inklusive Schlußformel) bei der ersten Person Einzahl bleiben. Zu vermeiden sind Briefe, bei denen der Text die ganze Seite füllt und nur die Schlußformel auf der nächsten Seite steht.

8. Schlußformel (la formule de politesse)

Für den Briefschluß gibt es im Französischen zahlreiche Formeln. Die als Briefbeginn verwendete Anrede ist Bestandteil der Schlußformel und darf dort (zwischen Kommata) nicht fehlen.

Je vous prie d'agréer, Monsieur, l'expression de mes sentiments les meilleurs.
Nous vous prions de croire, Messieurs, à l'assurance de nos sentiments dévoués.
Veuillez agréer, Madame, l'expression de mes salutations distinguées.

Da zwischen den einzelnen Formulierungen des öfteren Unterschiede bzw. Nuancen (je nach der Beziehung zwischen Absender und Empfänger) bestehen, die nur schwer zu definieren sind, ist es ratsam, einer neutralen Schlußformel wie z. B. *Nous vous prions d'agréer, Monsieur, l'expression de nos salutations distinguées* oder *Veuillez croire, Madame, à l'assurance de nos sentiments les meilleurs* den Vorzug zu geben.

Bei Telefaxen sind andere, kürzere und unkomplizierte Formeln wie *Avec nos salutations distinguées, Avec nos sentiments les meilleurs* oder schlicht *Salutations* anzutreffen.

9. Unterschrift (la signature)

Da die Unterschrift (unter der Schlußformel rechts) häufig unleserlich ist, wird es immer gebräuchlicher, den Namen und gegebenenfalls die Berufsbezeichnung bzw. Funktion darunterzuschreiben.

Man beachte folgende Abkürzungen: *p.p.* (*par procuration* – per procura); *p.o.* (*par ordre* – im Auftrag) sowie *parti après dictée* (nach Diktat verreist).

10. Anlagen (les pièces jointes)

Der Hinweis auf die Anlagen steht wie im Deutschen unter der Unterschrift am linken Rand, z. B. *P.J.: 1 devis*

Diese *pièces jointes* können auch weiter oben, nach dem Objekt bzw. nach den Bezugszeichen angegeben werden. Gelegentlich trifft man statt auf *P.J.* auf die Bezeichnung *Annexe* bzw. *Annexes*.

Besteht ein Brief aus mehreren Seiten, so wird dies am Ende einer jeden Seite folgendermaßen gekennzeichnet: .../...

11. Postskriptum (le post-scriptum)

Dies dient wie im Deutschen dazu, noch etwas unter den Brief zu setzen, das man vergessen hat oder besonders hervorheben möchte. Neben der Abkürzung *P.-S.* wird auch *N.B. (Nota Bene)* gebraucht.

Briefumschlag

Die Adresse auf dem Briefumschlag wird verschieden formuliert, je nachdem ob man sich an die Firma im allgemeinen oder an eine bestimmte Person in der Firma wendet:

Transax
6, quai de la Guibauderie

76500 Le Havre

Monsieur le Directeur des
ressources humaines
Transax
...

S.M.C.
Service commandes
A l'attention de M. Alain Mathieu

01100 Oyonnax

Monsieur André Benteo
Directeur général
S.M.C.

01100 Oyonnax

Silbentrennung

Im fortschreitenden Computerzeitalter verliert die Silbentrennung, die ja bei Textverarbeitungsprogrammen meist automatisch vorgenommen (und nach Möglichkeit weitestgehend vermieden) wird, ständig an Bedeutung.

Grundsätzlich gilt allerdings folgendes:

1. Im Französischen erfolgt die Trennung eines Wortes am Zeilenende nach Sprechsilben.
2. Mehrere aufeinanderfolgende Vokale bleiben ungetrennt: *priè-re, re-la-tion, cinquiè-me, voya-ge, croyez, pays, bien,* usw. Allerdings kann ein Präfix vom Stamm getrennt werden: *pré-avis*.

Ein einzelner Vokal am Anfang eines Wortes wird nicht abgetrennt, es sei denn, dieses Wort folgt auf einen Apostroph bei einer sog. Elision: *état, user, avec;* aber: *qu'a-vec.*
Nach dem Apostroph darf nicht getrennt werden: *au-jour-d'hui.*

3. Ein einfacher Konsonant zwischen zwei Vokalen bildet den Anfang der folgenden Silbe; dabei gelten alle Konsonanten, auf die ein h folgt, als einfach: *la Sei-ne, a-pos-tro-phe, si-lhouet-te.*

4. x darf nur vor Konsonanten abgetrennt werden: *ex-pres-sion, ex-port;* nicht trennbar: *saxon, taxe,* usw.

5. Von zwei (auch Doppel)Konsonanten zwischen zwei Vokalen bildet der zweite den Anfang der folgenden Silbe: *dic-tion-nai-re, al-ler, as-sez, in-sis-ter, mon-dial.*

   Ausnahmen: gn, ch, ph, th sowie l und r mit vorausgehenden Konsonanten bleiben stets ungetrennt: *si-gner, ta-bleau, qua-tre, ex-pli-quer, vi-vre.*

6. Stehen mehr als zwei Konsonanten zusammen, so kommt nur der letzte zur folgenden Silbe (auch hierbei gelten die Ausnahmen unter 5.): *obs-cur, comp-ter, sculp-teur,* aber: *em-prunt, ex-trait.*

Interpunktion

Der Gebrauch der Satzzeichen im Französischen stimmt mit dem Deutschen weitgehend überein. Bedeutende Abweichungen wird man nur im Umgang mit dem Komma feststellen. Dieses wird in erster Linie als Zeichen der Pause gebraucht und beeinflußt als solches den Rhythmus und die Melodie des Satzes in einem weit größeren Ausmaß als im Deutschen. Die Kommasetzung gilt daher als verhältnismäßig frei – trotz einzelner Einschränkungen:

1. Das Komma wird gebraucht:

– um eine Umstandsergänzung bzw. eine Hervorhebung am Anfang des Satzes abzutrennen:
Cette année, nous réaliserons un chiffre d'affaires proche de 30 millions de francs.

– um einen vorausgehenden Adverbialsatz abzutrennen:
Si vous prenez le train de 13 heures, vous serez sûrement à l'heure à votre rendez-vous.

– vor „etc.“: *en France, en Allemagne, en Autriche, etc.*

– nach der Anrede am Briefanfang: *Monsieur,*

– vor und nach einem Relativsatz bzw. einem mit si eingeleitetem Nebensatz, den man, ohne den Sinn des Satzes zu verändern, weglassen könnte.
Ce produit, dont la qualité n'est plus à démontrer, se vend très bien en France.
Il faudrait, si c'est possible, lui donner une réponse aujourd'hui.

2. Es wird jedoch kein Komma gebraucht:

– vor Nebensätzen, die mit den Konjunktionen *que* und *si* eingeleitet werden, wenn sie determinativ (d. h. zum Verständnis des Hauptsatzes notwendig) sind:
J'ignore s'il participera à la réunion. Je pense qu'il réussira.

– vor einem Relativsatz, wenn er determinativ ist:
Nous avons indiqué sur cette liste les articles qui sont actuellement en promotion.

– vor einem Infinitivsatz:
Il m'a prié de lui répondre dans les meilleurs délais.

Außerdem sei hier auf die Anführungszeichen im Französischen (« ») sowie auf den fehlenden Punkt nach den Ordnungszahlen (*1er, 2e, 3e, 4e* usw.) hingewiesen. Bei Abkürzungen wird der Punkt zwar häufig, aber nicht immer gebraucht (*la S.N.C.F, l'UE, les PME*).

Groß- und Kleinschreibung

Große Anfangsbuchstaben verwendet man nicht nur am Satzanfang, sondern auch:

– bei Vor- und Familiennamen
– bei geographischen Namen, in erster Linie bei Kontinenten, Ländern, Regionen, Städten; *en Asie, au Maroc, en Bretagne, au Havre, à Lyon*
– bei Straßen, Plätzen, Monumenten usw.: *la rue de Fréjus, la place du Commerce*
– bei Adjektiven, die zu geographischen Namen gehören: *l'océan Pacifique*
– bei Angehörigen von Völkern, Nationen, Städten: *l'Allemand, le Parisien*
– bei Titeln von Zeitungen, Büchern usw.: *le Figaro, Le Rouge et le Noir*
– bei öffentlichen Institutionen: *l'Etat, l'Assemblée nationale*
– bei offiziellen Abkürzungen: *la COFACE, les U.S.A.*

Wichtige Vermerke auf Briefen und Briefumschlägen

À l'attention de	zu Händen (von)
À remettre en main propre	Eigenhändig / Persönlich
Chronopost	Kurierdienst, Datapost
(Strictement) Confidentiel	(Streng) Vertraulich
Contre remboursement	per Nachnahme
Coupon-réponse international	Internationaler Antwortschein
Destinataire	Empfänger
Expéditeur	Absender
(Par) Exprès	Eilzustellung
Faire suivre S.V.P.	Bitte nachsenden

Fragile	Zerbrechlich
Franchise postale	Portofrei
Journaux, Livres, Brochures	Büchersendung
Inconnu	Unbekannt
Lettre	Brief
Lettre recommandée	Einschreibebrief
Ne pas affranchir	Nicht freimachen
Ne pas plier	Nicht knicken
Par avion	(Mit) Luftpost
Petit paquet	Päckchen
Poste restante	Postlagernd
Recommandé (avec AR)*	Einschreiben (mit Rückschein)
Réponse payée	Werbe-Antwort
Retour à l'expéditeur	Zurück an Absender
Si inconnu à l'adresse indiquée, prière de retourner à l'expéditeur	Falls unzustellbar, bitte zurück an Absender
Valeur déclarée	Wertbrief

Nützliche Redewendungen zum Telefonieren

C'est de la part de qui?
Pourriez-vous épeler votre nom, s.v.p.?
Voudriez-vous répéter, s.v.p.?
Excusez-moi, je n'ai pas compris.
Ne quittez pas, je vous prie. / Un instant, s.v.p.?
Veuillez patienter un moment, s.v.p.?
Je vous passe Monsieur / Madame . . .
Monsieur / Madame . . . (Il / Elle) est en réunion.
Il / Elle est malade / en vacances / en déplacement.
Il / Elle n'est pas encore arrivé(e) / n'est pas là aujourd'hui.
Pouvez-vous rappeler un peu plus tard / demain / la semaine prochaine?
Voulez-vous parler à quelqu'un d'autre?
Voulez-vous laisser un message?
Voulez-vous qu'il / elle vous rappelle?
Je n'arrive pas à le joindre.
Désolé(e), mais son poste ne répond pas.
Laissez-moi vos coordonnées, je vous rapellerai.

*AR: accusé de réception

Les départements français

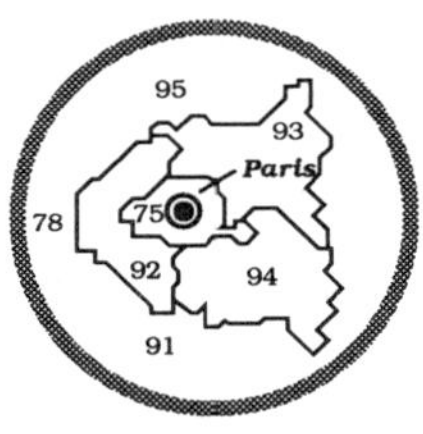

75 Seine
78 Yvelines
91 Essonne
92 Hauts-de-Seine
93 Seine-Saint-Denis
94 Val-de-Marne
95 Val-d'Oise

Départements d'outre-mer: Guyane, Guadeloupe, Martinique, La Réunion.

Bitte um Übersendung von Preislisten
Demande de prix courants

1

Ménagéquip'
45, rue Claude-Favert

F-24000 Périgueux

Heilbronn, le 27 novembre ...

Mesdames, Messieurs,

Nous procédons actuellement à un vaste réassortiment de nos services de table et vous serions reconnaissants de bien vouloir nous faire parvenir votre catalogue accompagné de vos prix courants, en particulier pour les lignes «Corea» et «Actinea», tout en nous précisant vos conditions de vente habituelles.

Dans l'attente de vous lire, nous vous prions de croire, Mesdames, Messieurs, à l'assurance de nos sentiments les meilleurs.

Seiffert GmbH

réassortiment *m*
Ergänzung, Auffüllung (eines Warenbestandes)
service *m* **de table**
Speiseservice
reconnaissant
dankbar
ligne *f*
Kollektion, Artikelserie
préciser
genau angeben
conditions *f/pl* **de vente**
Verkaufs-, Geschäftsbedingungen

2 Bitte um Übersendung von Preislisten und Mustern
Demande de tarifs et d'échantillons

Holgers AG
Andreas-Lütkemeyer-Str. 8

D-59065 Hamm

Reims, le 11 février ...

Mesdames, Messieurs,

Acheteurs de grandes quantités de produits cosmétiques de grande diffusion (essentiellement destinés à la vente en grandes surfaces), nous désirons élargir la gamme de produits dont nous assurons la distribution et cherchons à cet effet à entrer en contact avec des fabricants allemands que notre démarche serait susceptible d'intéresser.

Nous avons appris que vous veniez de créer une nouvelle série de savonnettes de fantaisie parfumées et serions heureux de recevoir votre prix courant ainsi qu'une ample collection d'échantillons.

Compte tenu de l'importance et de la régularité des commandes que nous pourrions être appelés à vous passer, vous voudrez bien nous indiquer si nous pouvons compter sur un tarif préférentiel et des conditions de paiement avantageuses comparables à celles qui nous sont consenties par nos fournisseurs habituels.

Nous vous en remercions par avance et vous prions d'agréer, Mesdames, Messieurs, l'expression de nos salutations distinguées.

Cosmédif S.A.R.L.

diffusion *f* Verbreitung
grandes surfaces *f/pl* Verbrauchermärkte, Supermärkte
élargir erweitern
gamme *f* Produktpalette
assurer la distribution de qc etwas vertreiben
échantillon *m* Muster
importance *f* Umfang
régularité *f* Regelmäßigkeit
indiquer angeben, mitteilen
tarif *m* **préférentiel** Vorzugstarif
consentir gewähren
fournisseur *m* Lieferant

Anfrage auf Grund einer Werbeanzeige
Demande faisant suite à une annonce publicitaire

Antica
6, impasse du Coupe-jarrets

F-88100 Saint-Dié

Weiden, le 29 mars ...

Objet: demande de documentation

Mesdames, Messieurs,

J'ai récemment découvert, grâce à l'annonce publicitaire que vous avez fait paraître dans la dernière édition de la Guilde horlogère, votre gamme «Rustica» d'horloges en chêne massif.

Impressionné et séduit par la qualité évidente de vos articles, je souhaiterais avoir de plus amples renseignements sur l'ensemble de votre production ainsi que sur vos conditions générales de vente, ceci dans la perspective d'une éventuelle commande d'essai.

Dans l'espoir d'une prompte réponse, je vous prie de recevoir, Mesdames, Messieurs, l'expression de mes salutations distinguées.

Forst GmbH & Co. KG

P.-S.: Le modèle Pendula 180 existe-t-il aussi en d'autres coloris que ceux mentionnés dans votre annonce?

paraître erscheinen
édition *f* Ausgabe
horloge *f* Standuhr
chêne *m* **massif** massive Eiche
impressionné beeindruckt
de plus amples renseignements nähere Einzelheiten
dans la perspective de im Hinblick auf
commande *f* **d'essai** Probebestellung
coloris *m* Farbton

4 Antwort auf Anfrage eines Kunden
Réponse à la demande d'un client

EKG

D-35390 Gladbeck

Dôle, le 19 novembre ...

Madame,

Nous vous remercions de votre demande en date du 13 courant et vous invitons à prendre connaissance du prix courant de nos articles joints en annexe. Vous devriez recevoir dans les tous prochains jours les échantillons souhaités que nous vous avons expédiés par courrier séparé.

Vous n'ignorez sans doute pas que l'Allemagne, tout comme la France, importe de pays à bas salaires nombre de produits textiles bon marché qui sont cependant loin de valoir la qualité européenne. Notre maison se fait un devoir d'offrir à sa clientèle des articles ayant fait leurs preuves et dont le prix, qui peut certes paraître relativement élevé au vu de ceux de la concurrence, demeure néanmoins tout à fait en rapport avec leur exceptionnelle qualité.

Nous espérons que les conditions de notre offre retiendront votre attention et pouvons d'ores et déjà vous assurer que nous apporterons tous nos soins à l'exécution de votre commande.

Veuillez agréer, Madame, l'expression de nos sentiments les meilleurs.

Ets. Matthieu & Nollant

inviter à einladen, auffordern zu
joint en annexe beigefügt
échantillon *m* Muster
par courrier séparé mit getrennter Post
pays à bas salaires Niedriglohnländer
bon marché billig
cependant jedoch
loin de weit davon entfernt
faire ses preuves sich bewähren
paraître erscheinen
élevé hoch
au vu de im Vergleich zu
retenir l'attention de qn j-s Aufmerksamkeit auf sich lenken
d'ores et déjà jetzt schon
apporter tous ses soins à l'exécution d'une commande einen Auftrag mit größter Sorgfalt ausführen

Unverlangtes Angebot und Übersendung eines Katalogs
Offre non sollicitée et envoi de catalogue

5

MAGESPACE
17, rue Lazare-Carnot

F-92000 Nanterre

Bielefeld, le 22 juillet ...

Notre réf.: mb/532

Objet: envoi de catalogue

Mesdames, Messieurs,

Présente sur le marché allemand et dans les pays du Benelux, EURECOR GmbH est une jeune société implantée à Bielefeld (Rhénanie du Nord-Westphalie) et qui a connu, depuis sa création voici près de cinq ans, une expansion sans précédent dans le secteur de l'aménagement et de la décoration de surfaces de vente, grâce notamment à la qualité tant de ses prestations qu'à celle des matériaux utilisés.

Souhaitant étendre nos activités au marché français, nous nous sommes adressés à la Chambre de Commerce et d'Industrie de Paris, qui nous a obligeamment communiqué vos coordonnées. Nous prenons donc la liberté de vous contacter pour vous présenter notre tout nouveau catalogue, qui vous donnera un aperçu de notre gamme, en particulier de nos bustes, présentoirs et autres appliques.

Comme vous le constaterez en prenant connaissance de nos conditions de livraison et de paiement ci-jointes, nos prix s'entendent franco domi-

.../...

implanté ansässig
connaître erleben
sans précédent beispiellos
aménagement *m* Einrichten
tant ... que ... sowohl ... als auch
prestation *f* Leistung
étendre ausweiten
obligeamment freundlicherweise
coordonnées *f/pl* Adresse und Rufnummer
donner un aperçu de von etwas eine Vorstellung geben
présentoir *m* Verkaufsständer
applique *f* Wandleuchte
s'entendre sich verstehen
franco domicile frei Haus

-2-

cile, notre étroite collaboration avec une maison de transport internationale renommée et très performante nous permettant de réduire au minimum les frais d'acheminement de nos articles.

Nous vous invitons donc dès maintenant à découvrir sans plus tarder notre catalogue et demeurons naturellement à votre disposition pour tout renseignement complémentaire.

Veuillez recevoir, Mesdames, Messieurs, l'assurance de nos sentiments distingués.

EURECOR GmbH

P.J.: un catalogue

étroite collaboration enge Zusammenarbeit
maison *f* **de transport** Spedition
performant leistungsfähig
frais *m/pl* **d'acheminement** Transportkosten
sans plus tarder unverzüglich
complémentaire weiter

Exportofferte für optische Geräte
Offre d'exportation pour des articles d'optique

6

M. Ahmed Sarif
Opticien

ANNABA
Algérie

Brême, le 10 mars ...

Monsieur,

Nous avons bien reçu votre demande de prix du 6 mars concernant des jumelles à prismes et nous empressons d'y donner suite en vous envoyant ci-inclus notre catalogue illustré et notre prix courant à l'exportation. L'un et l'autre sauront à coup sûr vous convaincre de la variété de nos articles et de leurs prix calculés au plus juste.

Nos prix s'entendent Foß Brême, franco d'emballage, le paiement devant s'effectuer net au comptant contre documents d'expédition. Nos marchandises étant légères et peu encombrantes, nous conseillons tout particulièrement, en cas de petites quantités et de commandes devant être exécutées dans les meilleurs délais, une expédition par avion de Francfort à Alger, où MM. Kacel & Cie, transitaires, se chargeront du transport ultérieur par route jusqu'à Annaba.

Dans l'espoir d'avoir bientôt le plaisir d'honorer votre prochaine commande, nous vous prions d'agréer, Monsieur, l'expression de nos sentiments distingués.

Optra GmbH

P.J.: 1 catalogue

concernant über, betreffend
jumelles *f/pl* **à prismes** Prismen(fern)glas
donner suite à antworten auf (eine Anfrage)
ci-inclus beiliegend
catalogue *m* **illustré** Bilderkatalog
variété *f* Vielfalt, reiche Auswahl
prix *m* **calculé au plus juste** knapp kalkulierter Preis
emballage *m* Verpackung
s'effectuer erfolgen
expédition *f* Versand
encombrant platzsparend
dans les meilleurs délais möglichst schnell
transitaire *m* Transitspediteur
transport ultérieur Weitertransport

7 Angebot zur Herstellung in Lizenz
Offre de fabrication sous licence

Vilcomte et Germain

F-94800 Villejuif

Bratislava, le 30 mars ...

Mesdames, Messieurs,

J'ai appris lors d'une récente visite au Poste d'expansion économique de Vienne que votre société était à la recherche d'un fabricant de meubles de salles de bains susceptible de produire sous licence vos nouvelles lignes d'armoires de toilette VERA et CORALINE.

La société KOMPLEX spol. s r. o., que je dirige depuis sa privatisation en 19..., faisait jusqu'à cette date partie du plus grand combinat d'installations sanitaires de Tchécoslovaquie. Cantonnée à l'origine dans la fabrication de lavabos, elle est désormais le leader de l'équipement de salles de bains sur les marchés slovaque et tchèque. La brochure en anglais que vous trouverez ci-joint vous fournira de plus amples informations nous concernant.

Compte tenu de la complémentarité de nos activités respectives, du savoir-faire de KOMPLEX et de l'excellent rapport qualité-prix qui a fait notre succès, je crois que nous pourrions envisager une éventuelle collaboration entre nos deux maisons et serais donc prêt à vous rencontrer pour discuter des modalités d'une telle coopération.

Restant à votre disposition pour tout renseignement complémentaire, je vous prie d'agréer, Mesdames, Messieurs, ...

Ján Strapec

Poste *m* **d'expansion économique**
Handelsabteilung der franz. Konsulate im Ausland
être à la recherche de
auf der Suche nach etwas sein
être susceptible de
geeignet sein, etwas zu tun
lavabo *m*
Waschbecken
en innerhalb von
respectif, -ve
jeweilig
savoir-faire *m*
Know-how
rapport *m* **qualité-prix**
Preis-Leistungs-Verhältnis
envisager
in Erwägung ziehen
rester à la disposition de qn
j-m jederzeit zur Verfügung stehen

Rückfrage vor der Unterbreitung des Angebots
Demande de renseignements avant l'offre

8

GLG - Groupe Le Gall

F-56000 Vannes

Villach, le 23 septembre ...

Mesdames, Messieurs,

Nous vous remercions vivement de votre courrier en date du 14 de ce mois concernant nos plaques isolantes et vous faisons parvenir sous ce pli une brochure complète qui vous donnera une vue d'ensemble des différentes épaisseurs et du champ d'application de nos produits.

Quel que soit le modèle, nos panneaux vous garantissent une parfaite isolation tant acoustique que thermique. Incombustibles, imputrescibles, ils présentent de surcroît l'avantage de conserver indéfiniment leur brillant et sont en tous points conformes aux normes en vigueur dans les pays de l'Union européenne.

Afin de répondre au mieux à vos besoins, nous vous saurions gré de nous indiquer les dimensions et quantités requises ainsi que l'usage auquel vous destinez ces articles. Nous vous envoyons à cette fin un formulaire détaillé que vous voudrez bien remplir, puis nous retourner. Nous pourrons alors vous faire des propositions détaillées sur l'épaisseur, le type qu'il convient de choisir et vous soumettre nos tarifs à l'exportation.

Dans l'attente de votre réponse, nous vous prions de recevoir, Mesdames, Messieurs, ...

Seizinger GmbH

P.J.: 1 brochure, 1 formulaire

plaque *f* **isolante** Isolierplatte
vue *f* **d'ensemble** Überblick
épaisseur *f* Stärke, Dichte
champ *m* **d'application** Anwendungsbereich
panneau *m* Platte; Tafel
incombustible feuerfest
imputrescible nicht verrottend
de surcroît außerdem
indéfiniment ewig
répondre aux besoins den Bedürfnissen entsprechen
nous vous saurions gré wir wären Ihnen dankbar
indiquer angeben, erwähnen
destiner bestimmen
remplir ausfüllen
propositions *f/pl* **détaillées** genaues Angebot
soumettre unterbreiten, vorlegen

9 Übersendung eines Kostenvoranschlages
Envoi d'un devis

ATC GmbH

D-54426 Neunkirchen

Madame,

Veuillez trouver ci-joint le devis que vous nous aviez demandé portant sur la livraison de sept machines d'emballage à fabriquer par nos soins à partir des caractéristiques énoncées dans le dossier technique qui nous a été communiqué le 13 janvier dernier.

Une étude de faisabilité réalisée par notre service fabrication a révélé la nécessité de procéder à de légères modifications des plans que vous nous avez remis, modifications qui n'entraîneront qu'un surcroît de coût minime et qui n'auront de toute façon aucune répercussion sur les performances des machines que nous vous livrerons.

A défaut d'instructions précises quant aux conditions de livraison et de paiement, nous vous avons indiqué un prix établi sur la base de nos conditions générales de vente à l'exportation telles qu'elles figurent au verso de cette page. A cet égard, nous vous signalons que les délais de livraison ne vous sont donnés qu'à titre indicatif, la complexité des tâches à exécuter ne nous permettant pas, sauf demande expresse de votre part, de nous engager à vous livrer à une date précise.

Espérant recevoir prochainement confirmation de votre ordre, nous vous prions d'agréer, Madame,...

EMBREMONT S.A.R.L.

P.J.: 1 devis

devis *m* Kostenvoranschlag
portant sur über
emballage *m* Verpackung
caractéristiques (techniques) technische Daten
énoncer angeben
faisabilité *f* Machbarkeit
procéder à vornehmen
surcroît *m* **de coût** zusätzliche Kosten
répercussion *f* Aus-, Rückwirkung
performance *f* Leistung
à défaut de in Ermangelung, mangels
établir festlegen, -setzen
figurer stehen
au verso de cette page umseitig
à titre indicatif unverbindlich
sauf demande expresse de votre part wenn dies nicht ausdrücklich von Ihnen verlangt wird
entrer en relations commerciales Geschäftsverbindungen eingehen

Auftrag an einen ausländischen Lieferanten
Commande passée à un fournisseur étranger

10

TOPKOPI GmbH
Hans-Pachtl-Weg 6

D-82110 Germering

Fleurance, le 4 avril ...

Mesdames, Messieurs,

Comme suite à l'entretien que j'ai eu dernièrement avec M. Menzel à votre stand à la foire de Hanovre, je vous prie de m'expédier 10 exemplaires de votre photocopieuse Z-240 au prix de DM 2.250 pièce, franco de port et d'emballage, conformément aux conditions de vente figurant dans le prospectus qui m'a été remis.

Veuillez trouver ci-joint, à titre d'acompte, un chèque de DM 10.000 sur la Société Générale / Elsässische Bank de Munich.

Si, comme je l'espère, ces appareils devaient me donner entière satisfaction, il n'est pas exclu que je vous passe sous peu une commande d'une toute autre importance. Je compte bien que vous m'accorderez alors, outre des tarifs préférentiels, les facilités de paiement d'usage.

Dans l'attente de recevoir l'accusé de réception du chèque susmentionné et l'avis d'expédition, je vous prie d'agréer, Mesdames, Messieurs, mes bien sincères salutations.

Christiane Bastillac

comme suite à bezugnehmend auf
entretien *m* Besprechung
foire *f* Messe
franco de port frachtfrei
conformément à gemäß, entsprechend
remettre aushändigen, überreichen
donner satisfaction zufriedenstellen
exclu ausgeschlossen
sous peu bald
accorder gewähren
tarif *m* **préférentiel** Vorzugspreis
les facilités de paiement d'usage die üblichen Zahlungserleichterungen
susmentionné oben erwähnt
avis *m* **d'expédition** Versandanzeige

11 Hersteller verweist Kunden an Importeur
Un fabricant renvoie un client à son importateur

Schrempp & Damler
Dieselstr. 9

D-40489 Düsseldorf

Mesdames, Messieurs,

Comme suite à votre demande de renseignements concernant les différents modèles de pistolets à peinture de notre série «PULVAR 50», nous vous envoyons ci-joint un catalogue complet qui vous donnera un aperçu de l'ensemble de notre production, et en particulier des articles qui vous intéresseront. Nous attirons tout spécialement votre attention sur le fait que les spécifications techniques mentionnées dans la documentation fournie en annexe sont en tous points conformes aux normes en vigueur en Allemagne.

J'ai par ailleurs transmis vos coordonnées à notre importateur en Allemagne, M. Hans-Jakob Meyer, Max-Planck-Allee 3, D-63452 Hanau, en le priant de vous recontacter dans les meilleurs délais en vue d'une éventuelle démonstration dans vos locaux.

En vous remerciant de l'intérêt que vous manifestez pour nos produits, nous vous prions de recevoir, Mesdames, Messieurs, nos sincères salutations.

Ronan Le Hours

pistolet *m* **à peinture** Spritzpistole
aperçu *m* Überblick
y compris einschließlich
spécifications *f/pl* **techniques** technische Daten
fourni en annexe beiliegend
en vigueur geltend
coordonnées *f/pl* Adresse und Rufnummer
dans les meilleurs délais so bald wie möglich
démonstration *f* Vorführung
manifester de l'intérêt Interesse entgegenbringen

Bestellung nach Muster
Commande sur échantillon

12

Textiles Gaultier-Dubuisson
3, rue du Rovan

F-59750 Feignies

Odense, le 2 décembre ...

Mesdames, Messieurs,

Un de nos clients nous a priés de lui fournir le plus rapidement possible 50 mètres de chacune des trois sortes de dentelles correspondant aux échantillons ci-joints. Comme vous pouvez le constater, il s'agit de dentelles françaises qui doivent être fort anciennes, à en juger par leur couleur défraîchie et la nature du dessin: c'est la raison pour laquelle nous n'avons pas garanti à notre client une marchandise rigoureusement semblable à ces modèles.

Nous vous serions néanmoins reconnaissants de nous indiquer si vous pouvez trouver quelque chose d'approchant et, le cas échéant, nous l'envoyer d'urgence. Compte tenu de l'importance que nous attachons à cette affaire, une prompte réponse de votre part nous obligerait.

Nous espérons donc que vous serez en mesure d'y donner une suite favorable et vous prions de croire, Mesdames, Messieurs, à l'expression de nos sentiments les meilleurs.

G. Olsen & Co.

fournir liefern
dentelle *f* Spitze
ancien, -ne alt
à en juger par la couleur der Farbe nach zu urteilen
défraîchi verblaßt
semblable ähnlich
quelque chose d'approchant etwas Ähnliches
compte tenu de bei
attacher de l'importance große Bedeutung beimessen
une prompte réponse nous obligerait für eine umgehende Antwort wären wir sehr dankbar
être en mesure de in der Lage sein zu
donner une suite favorable à (une demande) (einer Bitte) Folge leisten

13 Auftragsbestätigung
Confirmation de commande

EKDAL
A l'attention de M. E. Vakkunen

OULU
Finlande

Charleroi, le 18 octobre ...

V/Réf.: OG-67-A
N/Réf.: Hu-Bj

Monsieur,

Nous avons bien reçu votre ordre du 9 courant et en concluons avec plaisir que la première commande que vous nous aviez passée à titre d'essai voici trois mois vous a donné satisfaction.

Nous avons pris bonne note des articles et quantités suivants:

- 65 casiers à vaisselle inox, modèle VECTOR 45
- 5 bacs alimentaires 60 x 45 cm, modèle BACCAREL
- 4 chariots à rayons amovibles STRAFORT

aux prix et conditions de notre première livraison. L'exécution de votre commande étant déjà en cours, nous espérons pouvoir vous en annoncer l'expédition d'ici une huitaine de jours.

Veuillez agréer, Monsieur, l'expression de nos sentiments dévoués.

TOUBAC S.A.

conclure
schließen, folgern
à titre d'essai
probeweise
donner satisfaction
zufriedenstellen
casier *m* **à vaisselle**
Geschirrschrank
bac *m* **alimentaire**
Großküchenbehälter
chariot *m* **à rayons amovibles**
Tableauwagen
d'ici une huitaine de jours
in etwa einer Woche

Auftragsbestätigung und Verkaufsbedingungen
Confirmation de commande - rappel des conditions de vente

14

Ets Vannier & Cie
30, avenue Guistier

F-34500 Béziers

Passau, le 16 novembre ...

Monsieur,

En possession de votre lettre du 10 reçue ce jour, nous avons pris bonne note de votre commande et vous remercions de la confiance que vous avez bien voulu nous témoigner.

Afin d'éviter tout malentendu, nous nous permettons de vous rappeler ici les principaux extraits de nos conditions générales de vente à l'exportation: nos prix s'entendent net (emballage compris) départ usine, livraison sous quinzaine à compter de la date de réception de la commande. Conformément aux dispositions dont il a été convenu, le paiement sera effectué par virement SWIFT au crédit de notre compte n° 0296552-A auprès de la Deutsche Bank de Passau (code SWIFT: DEUT DE PA TBG).

Nous espérons que l'exécution de cette commande, à laquelle nous apporterons le plus grand soin, vous donnera entière satisfaction.

Veuillez agréer, Monsieur, nos salutations empressées.

Wist GmbH

ce jour heute
prendre bonne note de sich etwas vormerken
malentendu *m* Mißverständnis
s'entendre sich verstehen
départ usine ab Werk
sous quinzaine binnen 14 Tage
à compter de ab
date *f* **de réception** Eingangsdatum
dispositions *f/pl* Bestimmungen
convenir de vereinbaren
être effectué erfolgen
virement *m* **SWIFT** SWIFT-Überweisung
auprès de bei

15 Auftragsbestätigung - Möglicher Lieferverzug
Confirmation de commande - possible retard de livraison

LUXASTIL GmbH
Debschwitzer Straße 11a

D-07551 Gera

Corbigny, le 17 mai ...

Vos réf.: zk/er/27-2
Nos réf.: gl-cc

Messieurs,

Nous accusons réception de votre lettre du 11 courant et vous remercions de votre commande numéro 94323.1A portant sur

120 supports de fixation pour projecteurs directifs, réf. ARSA-2396-BJ.

Du fait d'un incident technique survenu dans notre chaîne de montage et d'une rupture momentanée de nos stocks, il est à craindre que l'exécution de votre commande ne puisse avoir lieu dans les délais stipulés dans notre offre. D'après nos premières estimations, la remise des marchandises au transporteur mandaté par vos soins ne pourra s'effectuer au plus tôt que le 6 juin prochain, soit un retard de deux jours sur la date initialement fixée.

Croyez bien que nous regrettons vivement ce fâcheux contretemps qui n'altérera cependant en rien la qualité des articles qui vous seront livrés. Nous espérons pouvoir compter sur votre compréhension et vous prions de recevoir, Messieurs, l'expression de nos salutations distinguées.

LORCET S.A.R.L.

du 11 courant vom 11. d.M.
portant sur über
support *m* **de fixation** Halterung
projecteur *m* **directif** Spotlight
survenir eintreten
chaîne *f* **de montage** Montageband
du fait d'une rupture momentanée de nos stocks da dieser Artikel zur Zeit nicht lieferbar ist
stipuler vereinbaren
remise *f* Übergabe
mandaté par vos soins von Ihnen beauftragt
au plus tôt möglichst bald
vivement regretter zutiefst bedauern
contretemps *m* widriger Umstand
altérer beeinträchtigen

Stornierung eines Auftrages
Annulation d'une commande

16

ERCOLL
1, rue des Arquebusiers

F-64100 Bayonne

Bocholt, le 16 octobre ...

Objet: ma commande n° 58-A

Mesdames, Messieurs,

A ma grande surprise, je constate que ma lettre du 25 septembre, par laquelle je vous avais priés d'accélérer la livraison des marchandises faisant l'objet de ma commande du 8 écoulé, demeure à ce jour sans réponse de votre part.

Vous n'ignorez sans doute pas que c'est en prévision des fêtes de fin d'année que je vous avais passé cette commande. Or, comme nous sommes déjà à la mi-octobre, je crains fort qu'il ne me soit impossible, quand bien même vous me les expédieriez par exprès, d'écouler l'intégralité des articles dont je devrais déjà être en possession.

Aussi suis-je dans l'obligation d'annuler ma commande, non sans déplorer que votre manque d'empressement m'ait poussé à cette fâcheuse extrémité.

Recevez, Mesdames, Messieurs, mes salutations distinguées.

A. Werner

accélérer beschleunigen
faire l'objet de Gegenstand sein
écoulé vorigen Monats
les fêtes *f/pl* **de fin d'année** Weihnachten und Neujahr
craindre fort sehr befürchten
quand bien même selbst wenn
par exprès per Eilbote
être en possession de in Besitz sein
être dans l'obligation de gezwungen sein zu
déplorer bedauern
pousser qn à une fâcheuse extrémité j-n zu einem unangenehmen Schritt veranlassen

17 Auftrag kann nicht ausgeführt werden
Impossibilité d'exécution d'une commande

KÖPF GmbH & Co. KG
A l'attention de M. Lettner
Alpenweg 21

D-88131 Lindau

Dourdan, le 27 mai ...

V/Réf.: tf/cg-7/45
N/Réf.: ed/102

Objet: votre commande n° 234.95

Monsieur,

Nous avons bien reçu votre commande n° 234.95 du 23 mai dernier et vous en remercions.

Les références des articles que vous nous demandez de vous livrer ne correspondent plus à celles de notre nouveau catalogue, que nous avons manifestement omis de vous faire parvenir. En effet, nous avons récemment procédé à un renouvellement de toute notre gamme d'ensacheuses, comme vous pourrez le constater en consultant la documentation ci-jointe.

Le modèle Carat G37 qui faisait l'objet de votre commande n'étant plus disponible depuis janvier dernier, nous nous permettons d'attirer votre attention sur notre nouvelle ensacheuse, la Comète X51. Ses caractéristiques techniques vous convaincront certainement que cette machine présente des avantages très nets par rapport au modèle précédent, notamment en matière de sécurité, de vitesse

.../...

référence *f* Bestellnummer
omettre vergessen
faire parvenir zukommen lassen
procéder à un renouvellement de gamme eine Produktpalette erneuern
ensacheuse *f* Sackabfüllmaschine
disponible erhältlich
attirer l'attention de qn sur qc j-s Aufmerksamkeit auf etwas lenken
caractéristiques *f/pl* **techniques** technische Daten
avantage *m* Vorzug
par rapport à im Vergleich zu
vitesse *f* **d'exécution** Arbeitsgeschwindigkeit

-2-

d'exécution et de confort d'utilisation. En outre, un rapide coup d'œil sur nos tarifs vous révélera que le prix de vente de la Comète X51, certes légèrement supérieur à celui du Carat G37, demeure cependant très compétitif.

Nous vous proposons donc de vous livrer notre nouveau modèle Comète X51 et serions prêts, en cas de commande de votre part, à vous accorder des conditions de paiement particulièrement avantageuses.

Dans l'attente de votre réponse, nous vous prions d'agréer, Monsieur, l'expression de nos salutations distinguées.

Ensacheuses CROZET
Emmanuelle Dambreville
- Service export -

P.J.: un catalogue

confort *m* **d'utilisation**
einfache Bedienung
compétitif
wettbewerbsfähig

18 Auftrag mit Hinweis auf den Verladungshafen
Commande avec indication du port de chargement

Monsieur Raymond Lauterey
Négociant en vins
La Cosselière

F-71560 Mercurey

Stockholm, le 31 octobre ...

Monsieur,

En possession de votre lettre du 7 courant et de vos échantillons dont je vous remercie, je vous prie de m'expédier le plus tôt possible les quantités et qualités suivantes:

- 35 barriques de beaujolais supérieur à ... F la barrique
- 30 barriques de Mercurey Clos du Roi à ... F la barrique
- 12 barriques de Corton à ... F la barrique,

franco départ entrepôt, paiement à 90 jours.

Veuillez envoyer ces fûts en régime ordinaire à Bordeaux à l'adresse de notre transitaire «Transcam», qui les groupera avec un chargement de vins de Bordeaux que je viens de commander.

Je compte sur vous pour m'expédier des qualités rigoureusement conformes aux échantillons que vous m'avez envoyés et vous présente, Monsieur, mes sincères salutations.

Carl Andersson

négociant *m* **en vins**
Weinhändler
échantillon *m*
Muster
barrique *f* Faß
en régime ordinaire
als Frachtgut
grouper
gruppieren, zusammen verladen
chargement *m*
Ladung
rigoureusement
genau
conforme
übereinstimmend

Änderung eines bereits erteilten Auftrages
Demande de modification de commande

19

COPRA S.A.
A l'attention de Madame V. Lieuvert
7, rue du Val d'Aumance

F-93140 Bondy

Hagen, le 1er octobre ...

Madame,

Suite à l'entretien téléphonique que j'ai eu avec l'un de vos collaborateurs, M. Marcellin, je souhaiterais par la présente attirer votre attention sur l'offre spontanée qui m'a récemment été soumise par une maison concurrente de la vôtre et également implantée en région parisienne, la société NOVAREX S.A.R.L.

Mes services ont en effet été contactés à différentes reprises par cette entreprise, qui nous a fait parvenir, sans que nous l'ayons sollicitée, un catalogue accompagné d'une liste de prix que nous estimons tout à fait compétitifs. En consultant cette documentation, je me suis aperçu, à ma grande surprise, que NOVAREX offre à sa clientèle un matériel sensiblement équivalent à celui faisant l'objet de ma dernière commande, et ce, à un tarif nettement plus avantageux.

L'écart de prix que j'ai relevé est tel que je suis amené à réviser à la baisse le volume de la commande n° 578-293 que je vous ai passée le 13 septembre dernier. Aussi vous prierais-je de bien vouloir faire le nécessaire pour qu'il ne me soit expédié que 20 exemplaires de votre fauteuil de relaxation CONFORELAX TL300 au lieu des 75 initialement commandés.

.../...

collaborateur *m*
Mitarbeiter
par la présente
hiermit
récemment
erst kürzlich
implanté ansässig
faire parvenir
zukommen lassen
consulter
durchsehen
avantageux, -se
günstig, vorteilhaft
écart *m* **de prix**
Preisunterschied
relever feststellen
être amené à
etwas tun müssen
réviser à la baisse
nach unten revidieren
initialement
ursprünglich

Au cas où vous ne seriez pas en mesure de donner suite à ma demande, je vous serais reconnaissant de m'en informer dans les meilleurs délais afin que nous puissions trouver en commun une solution de nature à satisfaire nos intérêts respectifs.

Fidèle client de votre maison, j'ai le ferme espoir que vous saurez aligner vos conditions sur celles de la concurrence, auquel cas rien ne s'opposerait plus à la poursuite des bonnes relations commerciales que nous entretenions jusqu'à présent.

Dans l'attente de votre décision, je vous prie de croire, Madame, à l'assurance de mes sentiments les meilleurs.

Geibel & Wickert

Heiner Heß
Responsable du service achats

au cas où falls
dans les meilleurs délais unverzüglich
respectif, -ve jeweilig
aligner anpassen, angleichen
entretenir de bonnes relations gute Geschäftsbeziehungen unterhalten
service *m* Abteilung

Auftragsvergabe an Spediteur
Ordre d'expédition à un transporteur

20

Spedition HABERFELLNER

D-83026 Rosenheim

Chaumont, le 24 juin ...

Messieurs,

Nous vous remercions de nous avoir communiqué, en réponse à la demande formulée dans notre fax du 17 juin dernier, votre tarif forfaitaire pour l'acheminement de trois europalettes (représentant un volume total de 5 m^3 pour un poids de 1,6 t) au départ de notre entrepôt de Chaumont et à destination de Kolbermoor.

Nous avons le plaisir de vous informer que nous avons retenu votre offre et serions donc prêts à vous charger du transport des marchandises dont la désignation exacte vous a déjà été spécifiée dans notre précédent courrier, étant entendu que le conditionnement et le chargement sur palettes sera à notre charge. Celles-ci devront être enlevées le 4 juillet prochain en début de matinée et être livrées au plus tard le lendemain avant midi, conformément aux délais maximum d'acheminement que vous nous avez garantis. Nous tenons à cet égard à vous préciser que ces délais doivent impérativement être respectés puisque nous nous engageons nous-mêmes, vis-à-vis de nos clients, à faire preuve d'une ponctualité exemplaire dans l'exécution des commandes qui nous sont passées.

Dans l'attente que nous soient confirmées les conditions que vous nous avez soumises, nous vous prions d'agréer, Messieurs, ...

Anne Barbé

tarif *m* **forfaitaire** Pauschaltarif
acheminement *m* Transport
au départ de ab
entrepôt *m* Lager
à destination de nach
charger de beauftragen mit
désignation *f* Bezeichnung
spécifier detailliert angeben
étant entendu que wobei selbstverständlich
conditionnement *m* Warenverpackung
chargement *m* Aufladen
enlever abholen
le lendemain am folgenden Tag
impérativement unbedingt
respecter un délai eine Frist einhalten
s'engager sich verpflichten
faire preuve de ponctualité pünktlich sein

21 Anfrage wegen des Frachtpreises
Demande de cotation de fret

TRANSAX
6, quai de la Guibauderie

F-76500 Le Havre

Mesdames, Messieurs,

Devant exécuter une importante commande à destination de Fort-de-France (Martinique), notre société est à la recherche d'un commissionnaire de transport susceptible d'organiser et de coordonner pour notre compte les différentes phases du transport depuis Le Havre (le pré-acheminement jusqu'au port d'embarquement étant effectué par nos soins) jusqu'aux entrepôts de notre client.

Comme nous vous l'avons indiqué sur la liste de colisage ci-jointe, nous aurions à vous confier le transport de quinze caisses en carton cerclées, toutes de même dimension (120 x 80 x 120 cm) et contenant, outre différents éléments d'une installation de pompage, des détecteurs d'incendie ainsi que divers appareils de mesure destinés à être livrés au plus tard le 31 juillet prochain.

Nous espérons que la documentation figurant en annexe vous permettra de nous faire une offre que vous voudrez bien nous transmettre dans les meilleurs délais et restons naturellement à votre entière disposition pour tout complément d'information dont vous pourriez avoir besoin.

Veuillez recevoir, Mesdames, Messieurs, ...

Gellert GmbH

P.J.: 1 liste de colisage

à la recherche de auf der Suche nach
commissionnaire *m* **de transport** Spediteur
pour notre compte in unserem Auftrag
depuis... jusqu'à von... bis (zu)
entrepôt *m* Lager
liste *f* **de colisage** Packliste
installation *f* **de pompage** Pumpanlage
détecteur *m* **d'incendie** automatischer Feuermelder
appareil *m* **de mesure** Meßgerät
la documentation figurant en annexe das beigefügte Informationsmaterial, die beiliegenden Unterlagen
transmettre unterbreiten, übermitteln

Auftrag zur Bemusterungs- und Gewichtskontrolle
Ordre de faire un contrôle de poids et d'échantillonnage

22

Société d'Entreposage et de Surveillance
B.P. 523

F-76122 Le Havre Cedex

Wilhelmshaven, le 11 avril ...

Messieurs,

Nous attendons, en provenance de Houston, l'envoi de

MBC 1/50 = 50 balles de coton,

d'un poids total d'environ 10 tonnes et qui devrait arriver au Havre par le navire «Oakman». Nous vous prions de bien vouloir assurer le contrôle du pesage et de l'échantillonnage pour notre compte.

La marchandise est vendue CAF Le Havre à la société TEXTAR S.A., Lille, avec qui nous vous prions de vous mettre en rapport en temps utile.

Nous vous demandons également de veiller à ce qu'il soit prélevé comme de coutume un échantillon sur chaque balle, et de nous envoyer par la poste 10 échantillons aux fins de comparaison, étant donné qu'il s'agit d'un nouveau fournisseur.

Veuillez contrôler en outre si la marchandise n'est pas trop humide, ceci afin d'éliminer tout risque de contestation du poids.

Dans l'attente de votre rapport et de l'indication du poids, nous vous prions d'agréer, Messieurs, nos salutations distinguées.

Georg Schröder

société *f* **d'entreposage** Lagerhausgesellschaft
surveillance *f* Überwachung, Kontrolle
en provenance de aus
assurer (*auch:* **effectuer, faire**) sicherstellen, vornehmen
pesage *m* Wiegen
se mettre en rapport avec qn (*auch:* **contacter qn**) mit j-m Kontakt aufnehmen
en temps utile rechtzeitig
veiller à dafür sorgen, daß; darauf achten, daß
prélever (ent)nehmen
comme de coutume wie üblich
humide feucht
risque *m* Risiko
rapport *m* Bericht

23 Reklamation wegen Transportweg und Mangel der Qualität
Réclamation sur la qualité et l'acheminement

Les Ardoisières de la Vanoise

F-73500 Modane Cedex

Rastatt, le 12 juillet ...

Vos réf.: lv-95/468
Nos réf.: HBP-vgg

Messieurs,

Nous regrettons de devoir vous faire part de notre profonde déception concernant la livraison des deux conteneurs d'ardoise brute commandés le 16 juin dernier et reçus en début de semaine.

La marchandise expédiée ne correspond nullement aux échantillons qui nous avaient été remis et sur la base desquels nous vous avions passé commande. L'ardoise commandée devait être d'une teinte bleu foncé et d'épaisseur régulière; au lieu de cela, vous nous avez envoyé une qualité médiocre, d'une nuance gris bleu, tachée et d'épaisseur irrégulière, de sorte que le polissage des plaques a donné lieu à énormément de casse.
En outre, nous vous avions donné des instructions pour éviter une expédition onéreuse via la Suisse. Les wagons devaient, au contraire, emprunter un itinéraire le long de la frontière française. Votre transitaire n'a pas tenu compte de nos instructions et a envoyé le chargement par la Suisse, ce qui nous a occasionné d'importants frais de transport supplémentaires.

.../...

ardoisière *f* Schieferbruch
déception *f* Enttäuschung
ardoise *f* **brute** Rohschiefer
en début de semaine zu Wochenbeginn
nullement in keiner Weise
échantillon *m* Muster
épaisseur *f* Stärke
médiocre mittelmäßig
taché fleckig
polissage *m* Schleifen
plaque *f* Platte
instruction *f* Anweisung
onéreux, -se kostspielig
itinéraire *m* Route
transitaire *m* Transitspediteur
occasionner verursachen
supplémentaire zusätzlich

-2-

Nous nous voyons dès lors dans l'obligation de déduire de votre facture 15 % en raison de la mauvaise qualité fournie et de l'excédent des frais de transport, soit une défalcation totale de 7.075 F.

Compte tenu de cette double négligence commise par vos services, nous espérons que vous reconnaîtrez le bien-fondé de notre démarche et n'hésiterez pas, dans l'intérêt des relations suivies que nous entretenons, à accepter la déduction mentionnée plus haut.

Veuillez nous confirmer votre accord et agréer, Messieurs, nos sincères salutations.

H.B. Peters

dès lors daher
se voir dans l'obligation de sich gezwungen sehen
déduire abziehen
excédent *m* **des frais de transport** erhöhte Transportkosten
défalcation *f* **totale** Gesamtabzug
négligence *f* Fahrlässigkeit, Versehen
bien-fondé *m* Rechtmäßigkeit
démarche *f* Vorgangsweise
dans l'intérêt de im Interesse von

24 Beschwerde wegen verzögerter Lieferung
Réclamation relative à un retard de livraison

Gallion Voiles
7, chemin de la Croix-Jaunaye

F-85685 Les Sables-d'Olonne

Kiel, le 14 avril ...

Madame,

Nous sommes particulièrement surpris de ne pas encore avoir reçu les 200 planches à voile de type AIGLON 1500 commandées, en prévision de la saison estivale, à votre représentant lors de sa visite, voici trois semaines. Celui-ci nous avait pourtant assuré que la livraison interviendrait dans les dix jours; or, nous attendons toujours l'envoi en question.

Comme vous avez jusqu'à présent toujours respecté les délais convenus, nous avons jugé préférable de patienter avant de vous adresser la présente réclamation. Mais, étant donné que la saison est déjà bien entamée, vous comprendrez aisément que tout nouveau retard de livraison nous causerait un important préjudice que nous ne saurions accepter.

Nous vous accordons par conséquent un dernier délai jusqu'au 30 avril et tenons à vous préciser que nous nous verrions forcés, dans le cas où nous ne serions toujours pas en possession de cette marchandise à cette date, d'en refuser toute livraison ultérieure.

Veuillez agréer, Madame, l'assurance de nos salutations empressées.

Ilse Retzek

planche *f* **à voile** Surfbrett
en prévision de im Hinblick auf
assurer versichern
intervenir erfolgen
dans les dix jours binnen zehn Tage
juger préférable es für angemessener erachten
patienter warten
étant donné que la saison est déjà bien entamée da die Saison hat mittlerweile schon längst begonnen
aisément leicht
causer préjudice Schaden zufügen
savoir können
par conséquent also, folglich
accorder un délai eine Frist gewähren
nous tenons à vous préciser que wir möchten ausdrücklich darauf hinweisen, daß
forcé gezwungen
refuser la livraison die Annahme der Lieferung verweigern

Bitte um Verkürzung einer Lieferfrist
Demande de réduction d'un délai de livraison

25

Preining AG
Gruberstraße 2

A-4600 Wels

V/Réf.: uz/cb
N/Réf.: vp/prg-6/1

Joinville, le 13 juin ...

Messieurs,

J'ai le plaisir de vous apprendre que notre clientèle a réservé un accueil des plus favorables aux articles de votre nouvelle ligne de couverts «Médiane». En raison des ventes réalisées au cours des dernières semaines, mes stocks seront probablement épuisés avant la fin du mois.

Je vous saurais donc reconnaissant de m'indiquer si vous pourriez réduire les délais de livraison de la dernière commande que je vous ai passée afin que je puisse en disposer dans les tous prochains jours.

Dans l'attente de vous lire, je vous prie d'agréer, Messieurs, mes sincères salutations.

Valérie Pierre

apprendre mitteilen
réserver un accueil des plus favorables à positiv aufnehmen
couvert *m* Gedeck, Besteck
au cours de im Laufe
épuisé ausverkauft
reconnaissant dankbar
passer une commande eine Bestellung aufgeben
disposer de verfügen über

26 Ankündigung einer Teillieferung
Annonce de livraison partielle

Herold GmbH
Hainbuchenweg 35

D-24159 Kiel

Agen, le 19 juin ...

Messieurs,

Nous vous informons que les marchandises commandées le 8 juin sous la référence 49/3002-D ont quitté notre usine ce matin.

Comme vous le constaterez, cet envoi est malheureusement incomplet. En effet, nous sommes actuellement en rupture de stocks pour la série «Royan II», qui fait l'objet, comme beaucoup d'autres de nos articles d'ameublement de jardin, d'une demande particulièrement forte en cette période de l'année.

Vu l'importance et l'urgence de votre commande, nous avons préféré vous expédier sans plus attendre les marchandises disponibles en stock, le reste, à savoir 150 chaises, série «Royan II», réf. RY2-552-L, pouvant vous être livré d'ici une quinzaine de jours.

Vous voudrez bien nous préciser si nous pouvons procéder au second envoi selon les mêmes modalités que pour le précédent, étant entendu que nous prendrons en charge tous les frais qu'il aura occasionnés.

Dans l'attente de vos instructions, nous vous prions d'agréer, Messieurs, ...

AGRÉMEUBLE S.A.R.L.

usine *f* Werk
envoi *m* Sendung
être en rupture de stocks keinen Vorrat mehr haben
demande *f* Nachfrage
importance *f* Umfang
disponible en stock vorrätig
chaise *f* Stuhl
d'ici une quinzaine de jours in etwa 14 Tagen
précédent vorherig
occasionner verursachen

Antwort auf eine Anfrage wegen Lieferverzögerung
Explication d'un retard intervenu lors d'une livraison

27

ZVG
Jürg-Zwingli-Straße 12

CH-4000 Zurich

Marseille, le 26 janvier ...

V/Réf.: jk-hh-f34/2
N/Réf.: xp-67/1

Objet: 100 tonnes de soja par le «Stathatos»

Messieurs,

Je suis en possession de votre lettre du 24 me demandant des explications sur le retard du bateau précité. Aussitôt après en avoir pris connaissance, je me suis mis en rapport avec la compagnie maritime, qui m'a appris que le navire est bien parti de Shanghai le 2 décembre dernier, mais qu'il a eu dans la mer Rouge une avarie de machine nécessitant une réparation de deux ou trois semaines à Port-Saïd. Le navire est attendu ici vers la mi-février. Je ne manquerai pas de vous communiquer la date exacte dès que je serai moi-même fixé.

Veuillez agréer, Messieurs, l'expression de mes sentiments distingués.

Xavier Philippot

soja *m* Sojabohne
précité oben erwähnt
se mettre en rapport sich in Verbindung setzen
avarie *f* **de machine** Maschinenschaden
nécessiter erfordern, notwendig machen
vers la mi-février gegen Mitte Februar
dès que sobald
être fixé Bescheid wissen

28 Beschwerde wegen verzögerter Lieferung
Réclamation consécutive à un retard de livraison

WAGNER & HAID
Korbinianstr. 9

D-97084 Würzburg

Toul, le 22 août ...

Objet: notre commande 04-960 M

Messieurs,

Par votre lettre du 7 juin dernier, vous vous étiez engagés à fabriquer pour mon compte deux presses hydrauliques d'un type spécial dérivé de votre modèle ALPHOR, et à en effectuer la livraison dans un délai de huit semaines.

Le client auquel je destinais ces deux machines s'était certes déclaré d'accord sur ces délais, mais avait expressément insisté pour que ceux-ci ne soient en aucun cas dépassés. Je vous avais moi-même signalé que nous ne saurions tolérer aucun retard dans la livraison. Or, la lettre dans laquelle il est fait état de votre impossibilité de livrer dans les délais convenus ne m'est parvenue qu'avant-hier, soit une semaine à peine avant la date à laquelle vos machines auraient initialement dû être réceptionnées.

J'ai aussitôt averti mon client que l'expédition ne pourrait avoir lieu que le 15 septembre prochain. Comme vous l'imaginez sans doute, il m'a fallu déployer bien des efforts, lors de la conversation téléphonique que j'ai eue avec lui récemment, pour le

.../...

s'engager sich verpflichten
pour notre compte auf unsere Rechnung
dans un délai de binnen
expressément ausdrücklich
dépasser überschreiten
signaler darauf hinweisen
tolérer dulden
faire état de erwähnen
convenir vereinbaren
à peine knapp
initialement ursprünglich
déployer bien des efforts sich alle erdenkliche Mühe geben
récemment kürzlich

-2-

dissuader d'annuler sa commande et le convaincre de patienter encore une vingtaine de jours. J'ajoute que ce contretemps porte préjudice non seulement à mon client, mais également à moi-même dans la mesure où la confiance et la réputation de sérieux dont je jouissais jusqu'à présent auprès de cette société en ont souffert.

Je vous prie donc de faire tout votre possible pour respecter exactement le nouveau délai de livraison et pour éviter à l'avenir que de pareils incidents ne se reproduisent.

Recevez, Messieurs, l'expression de mes salutations distinguées.

Christian Guillaume

dissuader de davon abhalten, etwas zu tun
convaincre überzeugen, überreden
une vingtaine circa zwanzig
contretemps *m* widriger Umstand
porter préjudice Schaden zufügen
dans la mesure insofern, als
jouir de genießen
auprès de bei
respecter un délai eine Frist einhalten
à l'avenir in Zukunft
se reproduire wieder vorkommen

29 Mängelrüge wegen defekter Maschinen
Réclamation relative à un matériel défectueux

DECALOG S.A.
Le Clos Bosquier

F-74105 Annemasse Cedex

Herford, le 3 avril ...

Messieurs,

Nous avons le regret de vous informer que la mise en service des équipements de découpe assistée par ordinateur installés par vos soins dans nos ateliers au début de ce mois a dû être reportée par suite de nombreux défauts constatés à l'occasion des premiers essais que nous avons effectués.

Selon le spécialiste de notre service technique qui a tenté de déceler l'origine de ce mauvais fonctionnement, il semblerait que celui-ci soit imputable à un logiciel défectueux et non pas consécutif à une fausse manœuvre.

Cette panne est d'autant plus fâcheuse qu'elle intervient à un moment où toutes nos autres machines sont déjà exploitées au maximum de leur rendement, de sorte que c'est toute la gestion de notre production qui s'en trouve perturbée.

Nous vous prions donc, dans le cadre de vos prestations de service après-vente et de garantie incluses dans le contrat de vente, de bien vouloir nous envoyer un de vos techniciens.

Veuillez agréer, Messieurs, ...

Detlef Niemeyer

mise *f* **en service** Inbetriebnahme
équipement *m* Anlage
assisté par ordinateur computergestützt
atelier *m* (Produktions) Werkstatt
reporter verschieben
défaut *m* Fehler
déceler herausfinden
imputable à zurückzuführen sein auf
logiciel *m* Software
consécutif à bedingt durch
fausse manœuvre *f* Fehlbedienung
intervenir sich ereignen
exploitées au maximum de leur rendement maximal ausgelastet
perturbé beeinträchtigt
prestation *f* Leistung
service *m* **après-vente** Kundendienst

Reklamation wegen irrtümlich gelieferter Ware
Réclamation au sujet d'une erreur de livraison

30

Reber Technik GmbH
Jägerstr. 38

D-52080 Aachen

Bourges, le 27 avril ...

Objet: notre commande n° 4509.23

Mesdames, Messieurs,

En examinant le contenu des colis reçus ce matin, nous avons relevé une erreur dans l'exécution de notre commande du 23 mars dernier.

En effet, vous nous avez expédié des calorimètres de type ZELDA 3 au lieu du modèle AGORA. Nous vous demandons par conséquent de bien vouloir corriger cette méprise en nous faisant parvenir le plus tôt possible les 12 calorimètres de type AGORA commandés.

Quant au matériel livré par erreur, veuillez nous faire savoir si nous devons vous le retourner à vos frais ou s'il vous est possible de le faire enlever par votre transporteur.

Dans l'attente de votre réponse, nous vous prions de recevoir, Mesdames, Messieurs, l'assurance de nos sentiments les meilleurs.

Hydracier S.A.

contenu *m* Inhalt
relever feststellen
exécution *f* Ausführung
calorimètre *m* Kalorimeter
au lieu de anstelle, statt
méprise *f* Verwechslung
enlever abholen
transporteur *m* Spediteur

31 Reklamation wegen Lieferung beschädigter Waren
Réclamation concernant des marchandises endommagées

LUDIC
112, route de l'Observatoire

F-27120 Pacy-sur-Eure

Brandenbourg, le 11 novembre ...

V/Réf.: FRB-D-67/r
N/Réf.: wb/hu

Monsieur,

Après vérification et contrôle des appareils que nous venons de recevoir, il apparaît que les précautions d'usage les plus élémentaires en matière de conditionnement et de transport de produits électroniques grand public n'ont manifestement pas été respectées lors de l'exécution de notre commande.

En effet, nous nous sommes aperçus que le produit dessicatif (qui, comme vous le savez sans doute, est généralement adjoint aux envois de consoles vidéo afin d'éliminer tout risque d'humidification des circuits) faisait défaut dans deux des cinq colis qui nous ont été remis.

Amenés par conséquent à nous assurer du bon état de marche des consoles, nous avons constaté que 33 d'entre elles ne fonctionnaient pas, sans doute pour avoir été exposées à une trop forte humidité durant leur transport.

En outre, l'un des cartons a manifestement été endommagé lors du transport, au point que 12 autres

.../...

il apparaît es stellt sich heraus
précautions *f/pl* **d'usage** die üblichen Vorsichtsmaßnahmen
conditionnement *m* Verpackung
produit *m* **électronique grand public** Massenartikel der Unterhaltungselektronik
manifestement offensichtlich
produit *m* **dessicatif** Trockenmittel
adjoindre beifügen
console *f* **vidéo** Video(spiel)konsole
circuit *m* Schaltkreis
faire défaut fehlen
être en bon état de marche betriebsbereit sein
être exposé à etwas ausgesetzt werden

-2-

consoles se sont révélées impropres à la vente (boîtier abîmé, écran brisé, console hors d'usage pour cause indéterminée, etc.).

Nous avons naturellement consigné ces réserves sur le bon de livraison qui nous a été présenté et tenons à vous les confirmer par ce courrier, auquel nous joignons à titre d'exemple quelques photographies des colis et de la marchandise qu'ils contenaient.

Vous voudrez bien nous communiquer dès que possible vos instructions concernant cet envoi et déduire du montant de votre facture la somme correspondant aux 45 consoles endommagées que nous tenons à votre disposition dans notre entrepôt.

Recevez, Monsieur, nos salutations distinguées.

Froebe GmbH

se révéler sich erweisen
boîtier *m* Gehäuse
abîmé beschädigt
écran *m* Bildschirm
réserves *f/pl* Vorbehalte
bon *m* **de livraison** Lieferschein
déduire abziehen

32 Beschwerde einer Einkaufszentrale
Réclamation d'une centrale d'achats

STT
Postbus 643

NL-3100 ROTTERDAM

Meaux, le 13 avril ...

V/Réf.: bn/mj
N/Réf.: sm/vl-13.4

Objet: votre commande n° 234.95

Monsieur,

Le nombre croissant de réclamations émanant de différents magasins m'oblige à attirer votre attention sur les nombreuses anomalies relevées dans le fonctionnement de votre nouveau modèle de chaîne haute-fidélité MT-830, que vous nous livrez depuis le début de l'année.

Comme vous le savez, nous recensons, afin de contrôler la qualité des produits achetés à nos fournisseurs, toutes les réclamations que nous adressent nos magasins. Or, nous constatons que, en l'espace de seulement trois mois, pas moins de 15 des appareils précités nous ont été retournés pour vous être ensuite réexpédiés, ces appareils étant encore tous sous garantie.

Certes, votre service après-vente n'a jamais vu d'inconvénient à nous échanger ces marchandises, mais nous nous étonnons toutefois qu'un matériel de ce type, très sophistiqué et vanté comme étant

.../...

croissant zunehmend
émanant de von
anomalie *f* Funktionsfehler
chaîne *f* **haute-fidélité** Hi-fi-Anlage
recenser erfassen, zählen
fournisseur *m* Lieferant
en l'espace de innerhalb von
service *m* **après-vente** Kundendienst
ne pas voir d'inconvénient à nichts dagegen haben
échanger austauschen
sophistiqué hochwertig, hochentwickelt
vanter anpreisen

des plus performants, présente de tels défauts de fabrication quelques mois seulement après sa mise en vente sur le marché. Nous notons par ailleurs que tous ces défauts concernent uniquement le lecteur de disques compacts, qui ne semble donc pas totalement au point.

Nous sommes donc amenés à nous interroger sur la qualité de ce matériel, d'autant que nous avons déjà des options d'achat sur le prochain modèle, dérivé du MT-830, dont vous nous avez récemment annoncé le lancement pour la fin de l'année.

Nous espérons que vous répondrez à ce courrier et prendrez position sur ce problème.

Veuillez agréer, Monsieur, nos salutations distinguées.

CENTRACHAT

Serge Martigny

performant leisstungsstark
défaut *m* **de fabrication** Fabrikationsfehler
présenter aufweisen
de tels derartige
lecteur *m* **de disques compacts** CD-Player
ne pas être au point nicht ausgereift sein
être amené à müssen, sich gezwungen sehen
d'autant que zumal
modèle *m* **dérivé de** Weiterentwicklung von
prendre position Stellung nehmen

33 Beantwortung einer Beschwerde über zu hohe Preise
Réponse à une réclamation portant sur des prix trop élevés

Ets Chaptal Frères

B-4678 CHARLEROI

Osnabrück, le 12 juin ...

Mesdames, Messieurs,

Nous avons bien reçu votre lettre du 8 juin dans laquelle vous nous faites remarquer que nos prix sont plus élevés que ceux habituellement pratiqués sur le marché. Nous n'en sommes pas surpris outre mesure, vu les articles et noms des concurrents que vous nous avez cités à titre de comparaison. Toujours attentifs à l'évolution des prix de la concurrence, nous sommes tout à fait conscients que nos produits sont offerts à un prix sensiblement supérieur à ceux de sociétés concurrentes de la nôtre.

Cependant, nous vous engageons vivement à comparer minutieusement les articles de notre fabrication avec ceux assurément meilleur marché des maisons que vous avez mentionnées. Cette comparaison vous révélera à coup sûr que nos instruments sont d'une tout autre qualité, comme en témoigne notamment le soin apporté aux points de soudure, au chromage et à la trempe de l'acier obtenue selon un procédé spécifique breveté.

Nous sommes persuadés que ce test tournera à notre avantage et qu'il saura vous convaincre que notre renommée et notre position de leader sur le marché ne sont pas dues au hasard, mais bel et bien à la qualité de notre production.

Veuillez agréer, Mesdames, Messieurs, ...

ORMA GmbH

élevé hoch
outre mesure nicht sonderlich
à titre de comparaison zum Vergleich
attentif à achtend auf
engager vivement j-n auffordern zu, j-m sehr empfehlen zu
minutieusement sorgfältig, gründlich
meilleur marché billiger
soin *m* Sorgfalt
point *m* **de soudure** Nahtstelle
procédé *m* Verfahren
breveté patentiert
tourner à l'avantage de qn zu j-s Gunsten ausfallen
bel et bien eindeutig

Bitte um Auskunft über einen Submittenten
Demande de renseignements sur un soumissionnaire

34

Sogefop

F-92500 Neuilly

Ibbenbüren, le 31 mai ...

Monsieur le Directeur,

Suite à l'appel d'offres lancé en début d'année par notre groupe et portant sur un contrat d'aménagement et de fourniture d'équipement de bureaux d'une suface totale de 4.500 m^2, nous avons reçu une soumission particulièrement intéressante émanant de la société dont vous trouverez ci-joint la raison sociale et les coordonnées.

Cette société ayant cité votre établissement en référence, nous prenons la liberté de vous contacter afin de solliciter de plus amples détails concernant ce soumissionnaire. Compte tenu de l'importance du marché devant être conclu, nous souhaiterions avoir des renseignements sur la situation financière actuelle et la nature exacte des activités de cette maison ainsi que sur l'honorabilité et la compétence de ses directeurs. Il va de soi que les informations que vous voudrez bien nous transmettre resteront strictement confidentielles.

En vous remerciant à l'avance de votre aimable concours, nous vous prions de recevoir, Monsieur le Directeur, l'expression de nos salutations distinguées.

HIRGEN AG

Monika Haas

appel *m* **d'offres** Ausschreibung
portant sur über
aménagement *m* Einrichtung
soumission *f* (An)Gebot bei einer Ausschreibung
raison *f* **sociale** Firmenbezeichnung
coordonnées *f/pl* nähere Angaben (Adresse, Rufnummer, usw.)
établissement *m* Firma, Unternehmen
citer en référence als Referenz angeben
solliciter ersuchen
compte tenu de unter Berücksichtigung, in Anbetracht
marché *m* Handel, Geschäft, Vertrag
conclure (ab)schließen
honorabilité *f* Ehrenhaftigkeit
compétence *f* Sachverstand
confidentiel, -le vertraulich
concours *m* Mitwirkung, Hilfe

35 Positive Auskunft
Renseignement favorable

HIRGEN AG
Schillerstr. 77

D-49479 Ibbenbüren

Neuilly, le 6 juin ...

Objet: votre demande de renseignements

Madame,

Suite à votre lettre du 31 mai, nous pouvons vous dire que la maison dont vous avez cité le nom est tout à fait digne de confiance et qu'elle jouit d'une réputation solidement établie.

Les résultats financiers des derniers exercices qui ont été portés à notre connaissance font état d'un volume de transactions en constante progression et de bénéfices substantiels. Bien implantée depuis bientôt vingt ans sur le marché national, cette entreprise est également présente sur certains marchés extérieurs tels que la Suisse et la Belgique et réalise une part non négligeable de son chiffre d'affaires avec l'étranger.

Au vu des informations en notre possession, il semble donc que rien n'autorise à douter de la compétence, du sérieux et de la respectabilité de l'entreprise en question.

Veuillez agréer, Madame, l'expression de nos sentiments les meilleurs.

Thierry Durant
- Directeur -

suite à bezugnehmend auf
digne de confiance vertrauenswürdig
jouir de genießen
réputation solidement établie guter Ruf
exercice *m* Geschäftsjahr, Rechnungsjahr
bénéfices *m/pl* Gewinn
substantiel, -le erheblich
marché *m* **extérieur** Außenmarkt
non négligeable nicht unerheblich
chiffre *m* **d'affaires** Umsatz
douter zweifeln

Negative Auskunft
Renseignement défavorable

36

VESTIL
A l'attention de M. L'Hôte
11, bd des Flagelles

B-1050 Bruxelles

Paris, le 31 août ...

Vos réf.: LH/mk
Nos réf.: db-nc-98/8

Objet: votre lettre du 25 août

Confidentiel

Monsieur,

En réponse à votre demande, nous avons le devoir de vous informer que la maison sur laquelle vous nous demandez des renseignements est confrontée depuis deux ans à de graves difficultés financières.

Les reports d'échéance quasi systématiques sollicités auprès de ses fournisseurs ont sérieusement entamé le crédit dont elle pouvait encore se prévaloir, il y a quelques années.

Dans son secteur d'activité, on estime généralement que les convoyeurs à bande et les monorails électrifiés qui constituent l'essentiel de sa production sont certes de bonne qualité, mais d'un prix sans rapport avec les performances de ces équipements, souvent jugées inférieures à celles de produits concurrents équivalents.

.../...

confidentiel, -le vertraulich
devoir *m* Pflicht
report *m* **d'échéance** Zahlungsaufschub
solliciter ersuchen, beantragen
auprès de bei
entamer le crédit de das Ansehen beeinträchtigen
se prévaloir de genießen
estimer schätzen
convoyeur *m* **à bande** Bandförderer
essentiel *m* Kern, Schwerpunkt
être sans rapport avec in keinem Verhältnis zu etwas stehen

-2-

La réputation des associés n'est pas mauvaise quant à leur honorabilité, mais le capital dont ils disposent nous paraît insuffisant. Nous ne saurions donc que vous conseiller de faire preuve de prudence et de ne leur accorder qu'un crédit limité.

Nous vous confions ces informations en toute bonne foi, mais sans garantie ni responsabilité de notre part, et en vous priant d'en user avec la discrétion qui s'impose.

Veuillez agréer, Monsieur, nos salutations distinguées.

Compagnie La Vaillante

réputation *f* Ruf
disposer de verfügen über
prudence *f* Vorsicht
accorder gewähren
user de Gebrauch machen von
discrétion *f* Verschwiegenheit
s'imposer geboten sein

Neutrale Auskunft
Renseignement neutre

37

Wieland-Kirch OHG

D-27751 Delmenhorst

Chartres, le 9 mars ...

Monsieur,

En référence à votre courrier daté du 23 février dernier, nous sommes en mesure de vous fournir les précisions suivantes concernant l'entreprise LIEUPORT S.A.R.L.

En dépit d'une certaine lenteur constatée dans ses règlements et de problèmes de trésorerie occasionnels dus avant tout au caractère saisonnier de ses activités, sa solvabilité n'a jamais été sérieusement mise en doute. Il semble au contraire que cette situation soit davantage à mettre au compte d'une conjoncture actuellement défavorable à l'ensemble de la branche qu'à une mauvaise gestion ou à de graves problèmes financiers.

En outre, les rumeurs de licenciement économique qui circulent depuis de nombreux mois à son sujet ne se sont pas vérifiées à ce jour, ses effectifs, de l'ordre d'une centaine d'employés, étant demeurés quasiment stables depuis sa fondation, il y a quinze ans.

Nous regrettons de ne pouvoir vous communiquer de plus amples informations sur cette société et vous prions néanmoins de n'user des renseignement fournis qu'avec la plus grande discrétion.

Veuillez agréer, Monsieur, ...

Hervé Maréchal

en référence à bezugnehmend auf
être en mesure de in der Lage sein zu
en dépit de trotz
avoir des problèmes de trésorerie Liquiditätsschwierigkeiten haben
occasionnel, -le gelegentlich
solvabilité *f* Solvenz
mettre en doute in Zweifel ziehen
à mettre au compte de zurückzuführen auf
gestion *f* Management, Betriebsführung
rumeur *f* Gerücht
licenciement *m* Entlassung
se vérifier sich bewahrheiten
effectifs *m/pl* Personalbestand
de l'ordre de von zirka
employé *m* Angestellter
discrétion *f* Verschwiegenheit

38 Verladeanzeige und Trattenavis
Avis d'embarquement et avis de traite

Howley Ltd.
44, Grosvenor Avenue

GB-London W4B 8HR

Dunkerque, le 7 mai ...

V/Réf.: wr/tg
N/Réf.: ds/3-13

Messieurs,

Nous avons le plaisir de vous informer que nous avons expédié ce jour par le Mira:

- 600 extincteurs portables EXTAL 300
- 400 supports muraux EXTAL 300 SM
- 300 extincteurs sur roues RODEX 500.

Vous trouverez ci-joint notre facture d'un montant de .... F.

Comme convenu, nous tirerons sur vous une traite de ce montant à 90 jours à l'ordre de la Bank of Wales, traite à laquelle nous sommes persuadés que vous réserverez le bon accueil habituel.

Vous souhaitant bonne réception de ces colis, nous vous prions d'agréer, Messieurs, l'expression de nos sentiments distingués.

FIDES S.A.

P.J.: 1 facture

expédier (ver)senden, verschiffen
extincteur *m* Feuerlöscher
support *m* **mural** Wandhalterung
comme convenu wie vereinbart
traite *f* Wechsel
réception *f* Empfang

Versandavis
Avis d'expédition

Fa. Konyveshaz
Szijgyarto utca 42

1046 Budapest
Hongrie

Longwy, le 4 avril ...

Objet: votre commande n° 6-AD 96/5-BM

Messieurs,

Nous avons le plaisir de vous annoncer que les 24 bascules de haute précision de type WG 340 faisant l'objet de votre commande mentionnée ci-dessus ont été remises ce matin à notre transporteur, en même temps que tous les documents d'accompagnement afférents à cette expédition.

Cet envoi, d'un poids total de 880 kilos, se compose de deux palettes cerclées contenant chacune 6 caisses de 0,80m x 0,60m x 0,60m marquées 6-AD 96/5-BM - Konyveshaz - Budapest.

Conformément aux instructions que vous nous avez données, nous avons apporté un soin tout particulier à l'emballlage de ces marchandises.

Vous en souhaitant bonne réception, nous vous prions d'agréer, Messieurs, l'expression de nos salutations distinguées.

Jean-Louis Mérieux

bascule *f* **de haute précision** Präzisionswaage
documents *m/pl* **d'accompagnement** Begleitpapiere
afférent à betreffend
se composer de bestehen aus
palette *f* **cerclée** mit Bandeisen versehene Palette
instructions *f/pl* Anweisungen
apporter un soin tout particulier besondere Aufmerksamkeit schenken

40 Fehler in der Rechnungslegung
Avis d'erreur de facturation

MARVEL S.A.R.L
12-16, rue de Valmy

F-01100 Oyonnax

Trier, le 23 janvier ...

Madame, Monsieur,

Comme je l'apprends à l'instant de notre service comptabilité, il semble qu'une erreur ait été commise dans votre facture datée du 12 janvier et correspondant à notre commande enregistrée sous la référence 78A-07/23.

En effet, tous les articles nous ont été facturés T.T.C. et non pas H.T. En outre, il est apparu, lors des vérifications d'usage, que ces prix ne prenaient pas en considération la remise de 2,5 % à laquelle nous sommes en droit de prétendre, vu l'ampleur de notre commande et en vertu des conditions expressément stipulées dans votre offre.

Nous vous saurions donc gré de nous retourner une facture dûment rectifiée ou, à défaut, un avoir d'un montant égal à celui de la différence.

Vous en remerciant à l'avance, nous vous prions de croire, Madame, Monsieur, à l'assurance de nos sentiments les meilleurs.

B. Heiner

à l'instant soeben
service *m* **comptabilité** Buchhhaltung
enregistré aufgeführt
T.T.C. (Toutes Taxes Comprises) inkl. aller Steuern und Abgaben *(betrifft vor allem die* «T.V.A.» MwSt.)
H.T. (Hors Taxes) Steuern und Abgaben nicht inbegriffen
prendre en considération berücksichtigen
remise *f* Rabatt
prétendre à Anspruch erheben auf
ampleur *f* Umfang
en vertu de gemäß
expressément stipulé ausdrücklich vereinbart
nous vous saurions gré wir wären Ihnen sehr dankbar
dûment entsprechend
rectifier berichtigen
avoir *m* Gutschrift

Antrag auf Eröffnung eines Kontos bei einem Lieferanten
Demande d'ouverture d'un compte auprès d'un fournisseur

41

HEPTAKOR GmbH
Wehringstr. 6

D-34123 Kassel

Roanne, le 13 février ...

Mesdames, Messieurs,

Soucieux de rationaliser la gestion de notre comptabilité, nous souhaiterions modifier, de façon à les simplifier, les modalités de règlement des achats que nous effectuons auprès de nos principaux fournisseurs, au nombre desquels figure votre société.

Etant donné le volume et la régularité des commandes que nous vous passons, nous vous suggérons de nous faire parvenir un relevé de compte trimestriel que nous nous empresserons alors de régler dans les meilleurs délais et par tout moyen à votre convenance.

Pourriez-vous par conséquent nous préciser si cette option vous paraît effectivement envisageable et si vous seriez disposés à en accepter le principe?

Dans l'attente de votre réponse, nous vous prions de recevoir, Mesdames, Messieurs, l'expression de nos cordiales salutations.

Florent Germain S.A.

soucieux de in dem Bestreben zu
gestion *f* **de la comptabilité** Rechnungsführung
règlement *m* (Be)Zahlung
achat *m* Einkauf
effectuer tätigen
auprès de bei
au nombre desquels figure votre société zu denen Ihr Unternehmen zählt
étant donné bei auf Grund, in Anbetracht
passer une commande eine Bestellung aufgeben
suggérer vorschlagen
relevé *m* **de compte** Kontoauszug
trimestriel vierteljährlich
s'empresser de sich beeilen, schnellstmöglich
à votre convenance Ihnen genehm
envisageable denkbar

42 Ankündigung einer Überweisung
Avis de virement

HÄSA GmbH & Co. KG
Gailsbacherweg 12

D-86179 Augsbourg

Loudun, le 8 décembre ...

Messieurs,

Permettez-nous tout d'abord de vous remercier chaleureusement d'avoir fait le nécessaire pour que nous soient livrés sous huitaine les douze potentiomètres commandés le 28 novembre dernier, et ce, en dépit des délais de livraison extrêmement brefs que nous avions sollicités.

Nous vous informons par ailleurs que le montant de votre facture devrait être viré, conformément aux instructions que nous avons données à notre banque, dans les tous prochains jours sur votre compte auprès de la Bayerische Vereinsbank d'Augsbourg.

Vous renouvelant nos sincères remerciements, nous vous prions d'agréer, Messieurs, l'expression de nos salutations distinguées.

Thermodun S.A.

remercier chaleureusement sich herzlich bedanken
faire le nécessaire das Nötige veranlassen
sous huitaine binnen 8 Tage
potentiomètre *m* Potentiometer, Spannungsteiler
délai *m* **de livraison** Lieferfrist
virer überweisen
conformément gemäß
instructions *f/pl* Anweisungen

Übersendung eines Kontoauszuges
Envoi d'un relevé de compte

43

LOCAGRAIN S.A.
71, rue Martial-Vaillant

F-21800 Quétigny

Ismaning, le 4 juillet ...

Mesdames, Messieurs,

Nous vous remettons ci-joint notre relevé de compte du second trimestre, arrêté au 30 juin et accusant un solde de DM 11.976,35 en notre faveur.

Nous vous prions de bien vouloir vérifier les indications qui y ont été portées et, sauf contestation de votre part, de nous en régler le montant sous 10 jours, comme convenu.

Toujours dévoués à vos ordres, nous vous prions d'agréer, Mesdames, Messieurs, nos salutations distinguées.

Thorhauer GmbH

remettre übersenden
relevé *m* **de compte** Kontoauszug
trimestre *m* Quartal
arrêter abschließen
accuser aufweisen
solde *m* Saldo
en notre faveur zu unseren Gunsten
vérifier überprüfen
porter eintragen
montant *m* Betrag
sauf contestation de votre part Ihr Einverständnis vorausgesetzt
toujours dévoués à vos ordres stets zu Ihren Diensten

44 Übersendung eines Schecks
Envoi d'un chèque

Ets Fourrier et Cie
A l'attention de M. Gerval
13, rue de l'Amirauté

F-33000 Bordeaux

Oslo, le 28 mai ...

Monsieur,

Veuillez trouver ci-joint le chèque n° 43.0987 S, d'un montant de 6.243 F (six mille deux cent quarante-trois francs), chèque tiré sur le Crédit Mutuel de Bordeaux en règlement de votre facture n° 95 FR 786/5 du 12 mai dernier.

Vous en souhaitant bonne réception, je vous prie de recevoir, Monsieur, l'expression de mes salutations distinguées.

G. Aamodt

ci-joint beiliegend
d'un montant de in Höhe von
tirer ausstellen
en règlement de als Zahlung für, zur Begleichung

Bitte um Übersendung einer Proforma-Rechnung
Demande d'envoi d'une facture pro forma

45

DEYKO GmbH
Döbbricker Allee 41

D-03055 Chemnitz

Lausanne, le 25 avril ...

Madame, Monsieur,

Vivement intéressé par vos appareils de conditionnement d'air exposés lors de la récente foire de Leipzig à laquelle je participais à titre de visiteur, j'avais demandé de plus amples renseignements les concernant à l'un de vos collaborateurs présent à votre stand, M. Haeuser. Celui-ci m'avait alors fort obligeamment remis une importante documentation comprenant différentes brochures ainsi que vos tarifs export.

Sur la base des conditions qui m'ont été communiquées, j'envisage de vous passer prochainement une commande de 50 unités de votre système DF-3 et vous saurais gré de m'envoyer, en complément des informations déjà fournies, une facture pro forma, dans laquelle vous voudrez bien reprendre tous les éléments qui figureront sur la facture définitive qui me sera remise en cas de commande ferme de ma part.

Vous en remerciant à l'avance, je vous prie de recevoir, Madame, Monsieur, l'expression de mes sentiments les meilleurs.

Ets Charlier & Drion
Dominique Dubreuil

conditionnement *m* **d'air** Klimatisierung
exposer ausstellen
foire *f* Messe
à titre de visiteur als Besucher
de plus amples renseignements *m/pl* nähere Einzelheiten
collaborateur *m* Mitarbeiter
remettre übergeben
documentation *f* Informationsmaterial, Unterlagen
communiquer mitteilen
envisager vorhaben
passer une commande eine Bestellung aufgeben
en complément de zusätzlich zu
reprendre wiederholen, eintragen
commande *f* **ferme** feste Bestellung

46 Verlängerung des Fälligkeitsdatums eines Akkreditivs
Prolongation de la date d'échéance d'un crédit documentaire

Wimmer & Jülich
Hubertusstraße 15

D-72488 Sigmaringen

Trois-Rivières, le 27 août ...

V/Réf.: vg-337/95
N/Réf.: hol-wj11

Objet: crédit documentaire n° 76-all

Messieurs,

Suite à la défaillance de l'un de nos principaux sous-traitants, nous ne serons vraisemblablement pas en mesure de vous livrer à la date prévue les 350 cloisons métalliques de type SEFIA 35-6 faisant l'objet de votre commande du n° 07/14-245/22 du 14 mai.

Nous vous serions donc reconnaissants de prolonger la validité du crédit documentaire mentionné ci-dessus de quatre semaines, c'est-à-dire jusqu'au 15 décembre prochain, et de nous en donner confirmation par retour du courrier.

En vous priant de bien vouloir excuser les désagréments causés par cet incident, nous vous prions d'agréer, Messieurs, l'expression de nos salutations distinguées.

Leguillard & Marlin

défaillance *f* Ausfall
sous-traitant *m* Zulieferer
être en mesure de in der Lage sein zu
cloison *f* Trenn-, Zwischenwand
validité *f* Gültigkeit
donner confirmation de etwas bestätigen
causer des désagréments Unannehmlichkeiten bereiten
incident *m* Zwischenfall

Bitte um Übersendung eines Ursprungszeugnisses
Demande d'envoi d'un certificat d'origine

47

Monsieur Marcelino Alvarez
Plaza de las tres culturas

06270 F. D. México
Mexique

Claye-Souilly, le 15 mars ...

Monsieur,

Nous nous permettons de vous signaler par la présente que les documents d'accompagnement de la marchandise reçue sont malheureusement incomplets.

Il était en effet convenu que vous nous feriez parvenir, outre le connaissement et la police d'assurance, un certificat d'origine dûment visé par la Chambre de Commerce franco-mexicaine. Le document en question ne figurant pas parmi ceux qui nous ont été transmis, nous vous saurions gré de nous l'envoyer par retour du courrier afin que nous puissions procéder au dédouanement de la marchandise.

Veuillez agréer, Monsieur, l'expression de nos sentiments les meilleurs.

Thierry Landrieux

par la présente hiermit
documents *m/pl* **d'accompagnement** Begleitpapiere
convenu vereinbart
outre außer, neben
certificat *m* **d'origine** Ursprungszeugnis
dûment visé par ordnungsgemäß mit einem Prüfvermerk der ... versehen
par retour du courrier postwendend
procéder à etwas vornehmen

48 Hilfeersuchen zum Eintreiben überfälliger Schulden
Demande de recouvrement de créance

Poste d'expansion économique
Ambassade de France à Tunis

Tunis
Tunisie

Nîmes, le 1er février ...

Mesdames, Messieurs,

Spécialisée dans la production de ventilateurs industriels, notre société réalise une part non négligeable de son chiffre d'affaires à l'exportation, en particulier avec les pays du pourtour méditerranéen.

Nous avons récemment reçu et exécuté une commande d'un volume relativement important qui nous avait été passée par un nouveau client de la région de Tunis dont vous trouverez ci-joint les coordonnées.

Comme vous le constaterez en prenant connaissance des documents annexés, le paiement de cette marchandise, que nous avons expédiée voici déjà quatre mois, n'a toujours pas été effectué par notre client. Les démarches que nous avons entreprises n'ayant pas abouti, nous nous permettons de solliciter votre intervention auprès de notre débiteur afin que cette affaire puisse être, comme nous le souhaitons, réglée à l'amiable.

Dans l'espoir que vous répondrez favorablement à cette demande, nous vous prions de recevoir...

Ventilair S.A.R.L.

Poste *m* **d'expansion économique** Handelsabteilung der franz. Konsulate im Ausland
non négligeable nicht unerheblich
chiffre *m* **d'affaires** Umsatz
les pays *m/pl* **du pourtour méditerranéen** die Mittelmeerländer
coordonnées *f/pl.* Adresse und Rufnummer
annexé beigefügt
entreprendre des démarches Schritte unternehmen
ne pas aboutir ergebnislos bleiben
solliciter ersuchen
auprès de bei
à l'amiable auf gütlichem Wege

Inkassoauftrag
Demande d'encaissement documentaire

Komercní Banka
Masarykova 59

772 00 Olomouc
République tchèque

Vierzon, le 15 octobre ...

Objet: commande n° 11/tch-nc.78/99

Messieurs,

Veuillez trouver sous ce pli les documents, connaissement, facture commerciale et liste de colisage, relatifs à la commande mentionnée ci-dessus portant sur 75 systèmes de télécommande électrique et pneumatique qui seront expédiés le 28 octobre prochain.

Conformément aux dispositions dont il a été convenu, ces documents ont tous été établis en triple exemplaire. Vous voudrez bien nous en accuser réception et les remettre à notre client contre acceptation d'une traite à 120 jours à compter de la date figurant sur la lettre de voiture.

A l'exception de ces conventions, les modalités de paiement applicables au contrat en question sont celles prévues par les «Règles relatives aux encaissements» publiées par la Chambre de commerce internationale (brochure 322).

Veuillez agréer, Messieurs, l'expression de nos salutations distinguées.

Sopral S.A.

sous ce pli beiliegend
liste *f* **de colisage** Packliste
la commande portant sur die Bestellung über
télécommande *f* Fernbedienung
dispositions *f/pl* Vorkehrungen
établir ausstellen
en triple exemplaire in dreifacher Ausfertigung
accuser réception de den Empfang von etwas bestätigen
à compter de ab
lettre *f* **de voiture** Frachtbrief
applicable à anwendbar auf

50 Mahnschreiben
Lettre de rappel

GRÜNWALD OHG
Auerstr. 4

D-85354 Freising

Nantes, le 15 juillet ...

Objet: premier rappel

Messieurs,

Après examen de nos livres comptables, nous constatons que votre compte reste débiteur de la somme de 294.853,00 F, montant dû au 15 juin dernier.

Veuillez considérer que la perte d'intérêts que nous cause le retard de votre règlement nous prive d'une partie non négligeable du faible bénéfice que nous réalisons sur ces affaires. Nous supposons qu'il s'agit là d'un oubli de votre part et demeurons persuadés que vous ferez le nécessaire pour que le virement de cette somme soit effectué sans retard.

Dans l'attente de votre règlement, nous vous prions d'agréer, Messieurs, nos sincères salutations.

Gaborieau S.A.R.L.

livres *m/pl* **comptables** Bücher
votre compte reste débiteur de Ihr Konto weist ein Soll von ... auf
intérêts *m/pl* Zinsen
priver quelqu'un de j-n um etwas bringen
bénéfice *m* Gewinn
supposer annehmen, vermuten
oubli *m* Versehen
persuadé überzeugt
faire le nécessaire das Nötige veranlassen

Zweites Mahnschreiben
Deuxième lettre de rappel

51

GRÜNWALD OHG

D-85354 Freising

Nantes, le 28 juillet ...

Messieurs,

Nous vous rappelons notre lettre du 15 de ce mois, malheureusement restée sans réponse.

Nous estimons que vous avez eu tout le temps nécessaire pour examiner cette affaire et trouvons votre silence d'autant plus étrange que nous n'avons jusqu'ici jamais eu à nous plaindre du moindre retard de votre part.

Comme nous ne sommes nullement disposés à laisser ce règlement plus longtemps en suspens, nous vous informons que, dans le cas où nous ne serions pas en possession de votre paiement le 5 août prochain, nous tirerons sur vous une traite à vue de 294.853,00 F, montant que nous nous réservons le droit de majorer d'intérêts de retard et de frais de recouvrement.

S'il ne vous est pas possible d'effectuer ce règlement, veuillez nous en aviser tout en indiquant sous quels délais et de quelle manière vous comptez vous acquitter de la somme dont vous nous êtes redevables.

Sauf avis contraire de votre part, nous considérons que vous acceptez les dispositions énoncées ci-dessus.

Veuillez agréer, Messieurs, nos sincères salutations.

Gaborieau S.A.R.L.

silence *m* Stillschweigen
d'autant plus étrange um so befremdender
être disposé à zu etwas bereit sein
tirer ausstellen
traite *f* **à vue** Sichttratte
majorer un montant d'intérêts de retard Verzugszinsen zu einem Betrag hinzurechnen
s'acquitter d'une somme einen Betrag zahlen
être redevable de schuldig sein, schulden
sauf avis contraire vorbehaltlich Mitteilung
dispositions *f/pl* Bestimmungen
énoncer anführen

52 Drittes Mahnschreiben und Klageandrohung
Troisième lettre de rappel et menaces de poursuites

GRÜNWALD OHG

D-85354 Freising

Nantes, le 17 août ...

Ultime avis avant poursuites
Lettre recommandée avec A.R.

Messieurs,

Notre banque vient de nous apprendre que vous n'avez pas honoré la traite à vue de 294.853,00 F que nous avons tirée sur vous en règlement du montant de notre créance.

Ce refus réitéré faisant suite à deux lettres de rappel qui vous ont été adressées les 15 et 28 juillet derniers, nous en déduisons que vous ne pouvez faire face à vos engagements financiers ou que vous refusez de régler notre facture.

Bien que ne parvenant pas à nous expliquer le silence persistant que vous observez à ce sujet, nous sommes néanmoins prêts, compte tenu de nos bonnes relations antérieures, à vous accorder un dernier sursis et vous mettons en demeure de nous signifier par retour du courrier quelles sont vos intentions concernant cette créance.

Sans réponse satisfaisante de votre part le 24 courant au plus tard, nous nous verrons dans l'obligation de remettre le dossier de cette affaire à notre contentieux.

Nous espérons qu'il ne nous sera pas nécessaire de recourir à une telle mesure et vous prions d'agréer, Messieurs, nos sincères salutations.

Gaborieau S.A.R.L.

ultime allerletzt
poursuites *f/pl* gerichtliche Schritte
lettre recommandée avec A.R. (accusé de réception) Einschreibebrief mit Rückantwort
créance *f* (Geld)Forderung
réitéré wiederholt
faire face à ses engagements seinen Verpflichtungen nachkommen
compte tenu auf Grund
antérieur, -e früher, bisherig
sursis *m* Zahlungsaufschub
mettre en demeure auffordern, mahnen
signifier mitteilen
par retour du courrier umgehend
contentieux *m* Rechtsabteilung
recourir à zurückgreifen auf

Beantwortung einer Zahlungsaufforderung
Réponse à une mise en demeure

53

SEBAL GmbH
Wilkenowstr. 54

D-25335 Elmshorn

Béthune, le 31 août ...

Monsieur,

Je suis en possession de votre lettre du 23 me demandant de régler par retour du courrier l'arriéré que je vous dois, à savoir DM 85.400.

Je vous prie d'excuser mon retard, mais j'espère que vous comprendrez au vu des raisons invoquées ci-dessous qu'il n'y a pas eu de mauvaise volonté de ma part, des circonstances imprévues m'ayant empêché de vous payer et me forçant à solliciter aujourd'hui un nouveau report d'échéance.

Mon entreprise a fermé pendant trois semaines, le mois dernier, en raison d'une grève quasi générale des ouvriers métallurgistes du Nord-Pas-de-Calais. Ce mouvement de grève m'a causé un tort considérable, retardant notamment mes livraisons et asséchant ma trésorerie. J'ai subi, en outre, une lourde perte à Maubeuge par suite de la faillite d'un client dont la liquidation des biens n'a presque rien rapporté aux créanciers.

Le retour au calme dans la région m'a permis dans l'intervalle de reprendre mes activités, mon entreprise travaillant depuis lors à la limite de ses capacités. Comme vous pouvez l'imaginer, la période

.../...

arriéré *m* offenstehender Betrag
invoquer des raisons Gründe anführen
il n'y a pas eu de mauvaise volonté de ma part es war nicht böse Absicht
report *m* **d'échéance** Zahlungsaufschub
ouvrier *m* **métallurgiste** Metallarbeiter
causer un tort considérable einen erheblichen Schaden zufügen
trésorerie *f* flüssige Mittel, Liquiditätsguthaben
faillite *f* Konkurs
liquidation *f* **des biens** Veräußerung der Vermögenswerte
créancier *m* Gläubiger
dans l'intervalle mittlerweile

que nous venons de traverser a laissé des séquelles et continue de me poser de sérieux problèmes de trésorerie que j'estime néanmoins être en mesure de surmonter définitivement dans les tous prochains mois. Je vous serais donc tout particulièrement reconnaissant de faire preuve de patience et puis déjà vous assurer que je ferai tout mon possible pour honorer mes engagements d'ici au 31 octobre prochain.

Dans l'espoir que vous voudrez bien, compte tenu de ma situation, vous montrer une nouvelle fois compréhensif, je vous prie de recevoir, Monsieur, l'expression de mes sentiments les meilleurs.

Olivier Fruchard

laisser des séquelles
schwerwiegende Folgen haben
problèmes *m/pl* **de trésorerie**
Liquiditätsengpaß
surmonter
überwinden
faire preuve de patience
sich gedulden
honorer ses engagements
seinen Verpflichtungen nachkommen

Bestätigung einer Zahlungsanzeige
Lettre faisant suite à un avis de paiement

54

Groupe André Bréchet
77, rue Laënnec

F-59400 Cambrai

Neuss, le 28 janvier ...

Messieurs,

Nous vous remercions de votre lettre du 20 nous signalant que votre banque à Paris avait payé notre traite au 18 octobre. Dès que la Rhein-Ruhr-Bank de Düssseldorf nous aura crédités de cette somme, nous nous empresserons de vous en donner brièvement confirmation.

Veuillez agréer, Messieurs, l'expression de nos sentiments dévoués.

Rheinische Maschinenfabrik AG

signaler
j-m etwas mitteilen, auf etwas hinweisen
traite *f* (*auch:* **lettre de change**) Wechsel
créditer qn d'une somme
j-m einen Betrag gutschreiben
brièvement kurz

55 Einstellung der Zahlungen durch einen Kunden
Cessation de paiement d'un client

INKO AG
A l'attention de
M. S. Meier
Ruhrstr. 23

D-46047 Oberhausen

Tourcoing, le 3 juillet ...

Monsieur,

J'ai le regret de vous confirmer que la société JOUVIREL & Cie s'est déclarée en cessation de paiement et a sollicité auprès du tribunal de commerce d'Amiens l'ouverture d'une procédure de redressement judiciaire.

J'ai en outre appris de source sûre que plusieurs actions en paiement avaient déjà été intentées contre ladite société, qui, de l'avis de ses principaux partenaires commerciaux de la région, devrait être mise en liquidation judiciaire à l'issue de la procédure de redressement, à moins qu'il ne se trouve un repreneur susceptible d'assurer la continuation de l'entreprise.

Par ailleurs, je vous rappelle à toutes fins utiles que les poursuites de créanciers (parmi lesquels figurent notre maison) seront suspendues durant toute la durée de la procédure mentionnée ci-dessus, la défense des intérêts communs de ces créanciers devant être confiée à un représentant unique, auquel peuvent être éventuellement adjoints un ou deux contrôleurs.

Dans l'espoir que ces précisions vous seront utiles, je vous prie d'agréer, Monsieur, ...

Jean-Luc Denis

cessation *f* **de paiement** Zahlungseinstellung
tribunal *m* **de commerce** Handelsgericht
redressement *m* **judiciaire** gerichtlich zugelassenes Sanierungssverfahren
de source sûre aus sicherer Quelle
intenter une action en paiement contre eine Klage auf Zahlung erheben gegen
ledit, ladite besagte(-r, -s)
liquidation *f* **judiciaire** Konkursverfahren
repreneur *m* Firmenaufkäufer
être susceptible de imstande sein zu
à toutes fins utiles für alle Fälle
créancier *m* Gläubiger
confier anvertrauen
adjoindre zur Seite stellen

Weisungen an einen Bevollmächtigten
Instructions à un fondé de pouvoir

56

M. François Mérien
4, rue des Augustins

F-93300 Aubervilliers

Kaiserslautern, le 21 septembre ...

Monsieur,

Nous accusons réception de votre lettre du 11 septembre par laquelle nous apprenons avec regret que la société GUILLARD Composants S.A.R.L. a déposé son bilan.

Outre notre créance de DM 5.890 dont nous vous avions confié le recouvrement, cette maison nous doit encore un solde de DM 1.765 comme l'atteste la facture que vous trouverez ci-joint. Nous vous prions donc de faire inscrire notre créance globale, soit DM 7.655 à la masse de la faillite.

Suite à votre demande, nous vous envoyons ci-joint notre procuration pour nous représenter dans cette affaire. Nous vous prions de recevoir pour notre compte la part éventuelle qui nous reviendra après liquidation et de nous la virer après déduction de vos frais et honoraires.

Veuillez agréer, Monsieur, l'expression de nos salutations distinguées.

Neidhart GmbH

P.J.: 1 facture

accuser réception den Empfang bestätigen
avec regret zu unserem Bedauern
déposer son bilan Konkurs anmelden
outre außer, neben
recouvrement *m* Eintreibung
solde *m* Saldo, Restbetrag
faire inscrire anmelden
global gesamt
masse *f* **de la faillite** Konkursmasse
procuration *f* Vollmacht
revenir zukommen
liquidation *f* Konkurs
déduction *f* Abzug
honoraires *m/pl* Honorar

57 Mitteilung über die Gründung einer Filiale
Annonce de la création d'une filiale

Paris, le ...

Mesdames, Messieurs,

Le développement rapide et constant que l'activité «emballage-protection» a connu au sein de notre groupe nous a déterminés à procéder à une vaste réorganisation des structures internes de celui-ci.

Aussi avons-nous décidé, dans le souci d'une meilleure prise en compte des besoins propres au secteur «emballage-protection», de le doter d'une plus grande autonomie en termes de gestion et de stratégie commerciale. Ceci nous a amenés à envisager la fondation d'une nouvelle filiale, EXPAQ S.A.R.L., dont nous sommes heureux de pouvoir vous annoncer aujourd'hui la création.

Ne vous étonnez donc pas de recevoir prochainement une lettre à en-tête d'EXPAQ S.A.R.L. en même temps qu'une brochure dans laquelle vous seront présentées en détail la finalité, les ambitions ainsi que la gamme de produits de notre nouvelle société, gamme qui a été étoffée de façon significative dans le cadre du redéploiement de nos activités.

Nous sommes persuadés que le changement intervenu dans l'organisation de notre groupe contribuera à rehausser la qualité déjà fort appréciée des services offerts à notre clientèle et espérons que vous aurez très bientôt l'occasion d'en faire vous-mêmes l'expérience.

Veuillez agréer, Mesdames, Messieurs, l'assurance de nos sentiments dévoués.

EXFORT S.A.

emballage *m* Verpackung
déterminer veranlassen, bewegen
dans le souci in dem Bestreben
prise *f* **en compte** Berücksichtigung
doter de mit etwas versehen, ausstatten
gestion *f* Verwaltung
envisager ins Auge fassen
fondation *f* (*auch:* **création**) Gründung
s'étonner sich wundern
en-tête *m* Briefkopf
gamme *f* Produktpalette
étoffer erweitern
redéploiement *m* Neugliederung, Umstrukturierung
persuadé überzeugt
intervenir eintreten
rehausser erhöhen, steigern
apprécier schätzen
expérience *f* Erfahrung

Ankündigung zur Eröffnung einer Filiale im Ausland
Annonce de l'ouverture d'une filiale à l'étranger

ARDISSON S.A.

F-94577 Rungis Cedex

Mesdames, Messieurs,

En bientôt cinq ans de présence sur le marché français, les produits commercialisés sous notre marque GEOMEX se sont forgé une solide réputation auprès d'une clientèle de plus en plus nombreuse.

Vu le succès remporté par la gamme de nos produits, il nous a semblé que le moment était venu d'établir notre implantation en France sur de nouvelles bases. Aussi avons-nous le plaisir de vous annoncer l'ouverture, le 12 mai prochain, de notre filiale GEOMEX France S.A.R.L dans la Z.I. des Chardonnerets à Herblay, et de vous présenter à cette occasion M. Alexandre Morin, à qui sera confiée la gérance de cette nouvelle société.

A compter de cette date, M. Morin et toute son équipe prendront le relais de la société Vidal, qui a cinq années durant assuré à notre plus grande satisfaction la distribution exclusive de nos articles sur le marché français.

Nous vous prions donc de prendre bonne note de ces modifications et de prendre connaissance du dépliant d'information relatif à GEOMEX France S.A.R.L. que vous trouverez sous ce pli.

Nous espérons que la création de notre filiale nous permettra de mieux répondre aux attentes de nos partenaires français et d'améliorer la qualité de nos prestations.

Veuillez agréer, Mesdames, Messieurs, ...

GEOMEX AG

commercialiser vermarkten
se forger une solide réputation sich einen soliden Ruf schaffen
gamme *f* **de produits** Produktpalette
implantation *f* Vertrieb
ouverture *f* Eröffnung
Z.I. *f* **(Zone industrielle)** Industriegebiet
confier anvertrauen
gérance *f* Geschäftsführung
à compter de cette date von diesem Tag an
prendre le relais de ablösen
prendre bonne note de sich etwas vormerken
dépliant *m* Faltprospekt
sous ce pli anbei
répondre aux attentes den Erwartungen entsprechen
améliorer verbessern
prestations *f/pl* Leistungen

59 Mitteilung über eine Adressenänderung
Communication d'un changement d'adresse

Romorantin, le ...

Madame, Monsieur,

Nous avons le plaisir de vous informer que le transfert de notre siège social à Poissy (Yvelines) prendra effet le 1er juin prochain, conformément à l'annonce qui vous en avait été faite lors d'un précédent courrier.

A partir de cette date, vous pourrez donc nous joindre à l'adresse suivante:

ARMANVAL S.A., 2, rue Fouqué, F-78300 Poissy
Tél.: 01 30 89 87 93 Fax: 01 30 89 57 88

Vous trouverez par ailleurs, jointe en annexe à cette lettre, une liste des noms et numéros d'appel directs de nos collaborateurs du service export, ceci afin de faciliter la prise de contact avec vos interlocuteurs habituels.

Notre implantation en région parisienne nous permettra de nous rapprocher du marché – c'est-à-dire tant de nos principaux fournisseurs que de nos clients nationaux – tout en bénéficiant d'infrastructures plus propices au développement international de nos activités.

Dans un premier temps, l'essentiel de notre production continuera d'être assuré par notre usine de Romorantin, l'inauguration et la mise en service de notre nouvelle unité de production de Poissy étant prévue, quant à elle, pour la fin de l'année.

Nous vous prions de prendre acte de ce changement d'adresse et espérons avoir bientôt l'occasion de vous accueillir dans nos nouveaux locaux.

ARMANVAL S.A.

transfert *m* **de siège social** Verlegung des Firmensitzes
prendre effet wirksam werden
annonce *f* Ankündigung
joindre erreichen
joint en annexe beigefügt
collaborateur *m* Mitarbeiter
service *m* Abteilung
interlocuteur *m* Ansprechpartner
bénéficier profitieren
propice günstig, geeignet
essentiel *m* Großteil
assurer gewährleisten
inauguration *f* (feierliche) Eröffnung
mise *f* **en service** Inbetriebnahme
accueillir willkommen heißen
locaux *m/pl* Geschäftsräume

Änderung der Rechtsform eines Unternehmens
Changement de forme juridique d'une entreprise

60

MM. ...

Tours, le ...

Mesdames, Messieurs,

La constante augmentation du volume des affaires que nous traitons et les investissements que nous avons réalisés ont eu pour effet un accroissement et une diversification très nets des besoins financiers de notre société au cours de ces deux dernières années.

C'est donc dans la volonté de donner à notre entreprise une assise financière plus large et plus solide lui permettant de relever de nouveaux défis que nous nous sommes finalement prononcés pour un changement de sa forme juridique, notre choix s'étant porté sur le statut de société anonyme.

Nous avons donc l'honneur de vous annoncer, en même temps que la dissolution de notre société sous sa forme actuelle, la création de SOCOPEL Matériaux S.A., société anonyme au capital de 300.000 francs, immatriculée auprès du tribunal de commerce de Tours, le 24 avril dernier.

Comme vous le constaterez au vu de notre en-tête, la création de notre nouvelle société s'accompagne de celle d'un nouveau logo censé refléter le dynamisme de notre entreprise. En revanche, la raison sociale a été conservée, le nom de SOCOPEL Matériaux jouissant déjà d'une réputation suffisamment établie auprès de notre clientèle.

.../...

traiter des affaires Geschäfte machen
investissement *m* Investition
avoir pour effet zur Folge haben
accroissement *m* Zunahme
net deutlich
au cours de ces deux dernières années in den letzten zwei Jahren
assise *f* Grundlage
relever un défi sich einer Herausforderung stellen
se prononcer pour sich entscheiden für
dissolution *f* Auflösung
immatriculer eintragen
comme vous le constaterez au vu de wie Sie anhand von ... feststellen können
en-tête *m* Briefkopf
raison *f* **sociale** Firmenbezeichnung
jouir de genießen

–2–

SOCOPEL Matériaux S.A. entend donc reprendre à son compte les traditions de qualité qui ont fait jusqu'à maintenant le succès de notre entreprise, tout en donnant à celle-ci les moyens de mettre en œuvre de nouvelles stratégies d'expansion.

Dans l'espoir que cette modification n'altérera en rien la qualité de nos relations commerciales, nous vous prions de recevoir, Mesdames, Messieurs, l'expression de nos sentiments les meilleurs.

SOCOPEL Matériaux S.A.

entendre
beabsichtigen, wollen
mettre en œuvre
umsetzen
altérer
beeinträchtigen
en rien
in keiner Weise

Ankündigung einer Geschäftsaufgabe
Annonce de cessation d'activité

61

Seedorfer AG
Ludwig-Kolbe-Str. 3

D-44627 Herne

Valence, le 16 octobre ...

Mesdames, Messieurs,

C'est en ma qualité de gérant de la société VULCAIN S.A.R.L que je tiens à vous faire part de la cessation d'activité de notre entreprise, le 31 octobre prochain.

Les raisons qui nous ont conduits, les associés de notre société et moi-même, à prendre cette décision sont avant tout liées à la pression croissante de la concurrence des pays d'Extrême-Orient, concurrence à laquelle nous ne sommes plus à même de faire face dans l'état actuel de nos moyens, et ce, en dépit d'un constant effort de rationalisation de notre production.

Nous sommes actuellement en pourparlers déjà fort avancés avec une autre entreprise opérant dans le même secteur d'activité en vue d'une possible reprise de notre société, qui serait alors intégrée à un groupe concurrent dont, vous le comprendrez, je ne puis ici vous révéler le nom.

Au terme de plus de dix années de relations commerciales suivies et harmonieuses, permettez-moi de vous remercier une nouvelle fois, au nom de notre société, de la confiance que vous nous avez témoignée.

Veuillez agréer, Mesdames, Messieurs, ...

VULCAIN S.A.R.L.

en ma qualité de (in meiner Eigenschaft) als
gérant *m* Geschäftsführer
associé *m* Gesellschafter
prendre une décision eine Entscheidung treffen
être lié à in Zusammenhang stehen mit
la pression croissante de la concurrence der zunehmende Konkurrenzdruck
être à même de imstande sein
faire face à la concurrence mit der Konkurrenz mithalten
être en pourparlers gerade Verhandlungen führen
avancé in einem fortgeschrittenen Stadium
en vue de im Hinblick auf
reprise *f* Übernahme
groupe *m* Konzern
révéler nennen

62 Ein ausländischer Vertreter bietet seine Dienste an
Offre de services d'un représentant étranger

Champagne Mouay et Fangeon

F-51122 Epernay Cedex

Wien, le 26 février ...

Messieurs,

Suite à la conversation que j'ai eue dernièrement au Salon de l'agriculture de Berlin avec Monsieur Pelletier, je vous prie de me faire savoir si vous consentiriez à me confier la représentation générale pour l'Autriche de votre marque de champagne.

Comme vous le verrez en consultant les références figurant sur la liste ci-jointe, je représente un grand nombre de marques réputées auxquelles je souhaite adjoindre celle d'un champagne de renom. Vous m'honoreriez donc en me confiant vos intérêts pour ce pays.

Pour vous donner une idée de mon activité, sachez que j'ai notamment réussi à placer l'année dernière, pour la seule maison Berlieux & Fils de Beaune, environ 4.500 bouteilles d'origine contrôlée et une cinquantaine de doubles barriques.

Mes débuts dans la branche remontent à l'année 1987. Je suis maintenant des mieux introduits auprès des grossistes autrichiens et estime être en mesure de réaliser un important chiffre d'affaires pour le compte de votre société.

Dans l'espoir que mon offre sera susceptible de vous intéresser, je vous prie d'agréer, Messieurs, mes salutations distinguées.

Andreas Niederegger

salon *m* Fachmesse
consentir à in etwas einwilligen
confier anvertrauen
consulter Einsicht nehmen in
de renom berühmt
barrique *f* (Wein)Faß
remonter à zurückgehen auf
introduit eingeführt
être en mesure de in der Lage sein
citer nennen

Schreiben eines Vertreters auf eine Zeitungsanzeige hin
Réponse d'un représentant à une annonce

63

PharmaKon AG
Meyerheimstr. 7

D-63457 Hanau

Melun, le 4 novembre ...

Mesdames, Messieurs,

Me référant à l'annonce que vous avez fait paraître dans «Le Figaro» d'hier, je souhaiterais par la présente vous offrir mes services pour la représentation de vos spécialités en France.

Je suis depuis longtemps l'agent d'un grand nombre de maisons étrangères parmi lesquelles je puis citer les firmes allemandes suivantes: la Thüringische Flawena GmbH de Dresde, la société Humboldt GmbH & Co. KG de Stuttgart et la maison Schmidt & Weber, fabricants de cosmétiques à Mannheim.

Grâce à une organisation de vente rationnelle et des campagnes de publicité menées en étroite collaboration avec une agence parisienne, j'ai réussi à introduire sur le marché français différents produits de ces maisons, pour lesquelles je réalise un chiffre d'affaires important. Comme les articles dont la vente m'est confiée touchent de près la branche pharmaceutique où je compte déjà de nombreux clients, il me serait aisé de m'occuper simultanément de vos produits. C'est d'ailleurs pourquoi votre annonce a tout particulièrement retenu mon attention.

Si ma proposition vous convient, je vous prie de m'en donner confirmation et de me donner des détails sur vos articles, sur votre participation

.../...

par la présente hiermit
agent *m* Importvertreter
campagne *f* **de publicité** Werbekampagne
en étroite collaboration avec in enger Zusammenarbeit mit
agence *f* **(de publicité)** (Werbe)Agentur
introduire sur le marché auf den Markt bringen
réaliser un chiffre d'affaires einen Umsatz erzielen
toucher de près vergleichbar sein
aisé leicht
retenir l'attention das Interesse wecken

-2-

éventuelle aux frais de publicité et de me préciser le montant de la commission que vous seriez prêts à m'accorder. Il va de soi que je ne verrais aucun inconvénient à me rendre à Hanau pour discuter de ces questions si vous deviez en émettre le vœu.

Comme références, je puis vous citer, outre les maisons allemandes mentionnées ci-dessus, le Crédit Lyonnais à Melun, la maison Larsen & Co., Borsgade 124, Copenhague et les Etablissements Paduano & Rosetti à Turin.

Veuillez agréer, Mesdames, Messieurs, l'expression de mes sentiments les meilleurs.

Gildas Bruel

frais *m/pl* **de publicité**
Werbekosten
commission *f*
Provision
accorder gewähren
il va de soi que
selbstverständlich
ne voir aucun inconvénient à
nichts dagegen haben
émettre un vœu
einen Wunsch äußern

Ernennung eines Vertreters in Deutschland
Nomination d'un représentant en Allemagne

64

Monsieur Karl Hagemann
Thielestr. 51

D-51149 Köln

Nîmes, le 28 mai ...

Monsieur,

Comme suite à votre lettre du 15 mai, nous vous informons que nous sommes disposés à vous charger prochainement de la vente de nos articles en Allemagne. L'excellente réputation de notre maison sera d'ailleurs de nature à faciliter votre tâche.

Nous espérons que vous accepterez les conditions auxquelles nous envisageons de vous confier notre représentation, conditions dont vous trouverez le détail dans le contrat ci-inclus.

Nous attirons tout spécialement votre attention sur le fait que vous vous chargerez du ducroire, pour lequel il vous sera accordé une commission de 4 %. Par ailleurs, vous voudrez bien nous fournir des renseignements détaillés sur chaque nouveau client, renseignements qui devront être consignés sur le formulaire standard dont un exemplaire vous est joint en annexe.

Au cas où vous souhaiteriez établir un dépôt dans votre ville, nous vous enverrons sous peu un assortiment de nos articles, assortiment que nous serons appelés à compléter si le volume des affaires traitées répond tant à votre attente qu'à la

.../...

charger beauftragen
prochainement demnächst
réputation *f* Ruf
faciliter erleichtern
tâche *f* Aufgabe
contrat *m* **de représentation** Vertretungsvertrag
attirer l'attention sur le fait que darauf aufmerksam machen, daß
ducroire *m* Delkredere
consigner eintragen, vermerken
assortiment *m* Auswahl
répondre à une attente einer Erwartung entsprechen

–2–

nôtre. En outre, vous aurez la responsabilité du maintien en parfait état des produits ainsi mis à votre disposition, qui resteront notre propriété.

Si ces conditions vous conviennent, veuillez nous faire parvenir votre accord dès que possible en nous retournant un exemplaire du contrat revêtu de votre signature.

Nous espérons vous compter bientôt parmi nos collaborateurs et vous présentons, Monsieur, nos salutations distinguées.

Guermand S.A.

P.J.: un contrat en double exemplaire

en outre außerdem, darüber hinaus
propriété *f* Eigentum
convenir zusagen
revêtir de versehen mit
compter parmi zählen zu
en double exemplaire in doppelter Ausfertigung

Kündigungsschreiben an einen Vertreter
Résiliation d'un contrat de représentation

65

Monsieur Serge Lancelot
7, rue d'Artois

F-93200 La Plaine-Saint-Denis

Velbert, le 10 janvier ...

Monsieur,

Nous avons le regret de vous faire savoir que nous sommes extrêmement déçus des médiocres résultats de votre activité. Depuis que vous êtes notre agent en France, c'est-à-dire depuis le mois de février de l'année dernière, vous nous avez fait parvenir, en tout et pour tout, une vingtaine de commandes d'un montant total inférieur à DM 20.000.

De toute évidence, ce médiocre résultat ne peut être imputé qu'au peu d'intérêt que vous portez à notre représentation, car nos agents de Bruxelles et de Berne ont respectivement vendu, durant la même période, pour DM 215.000 et DM 95.000 de nos différents modèles de cadenas.

Nous vous avons déjà fait part de notre insatisfaction à plusieurs reprises, mais nos exhortations sont malheureusement demeurées sans effet.

Comme nous ne pouvons pas nous désintéresser plus longtemps d'un marché aussi important que le marché français, nous nous voyons dans l'obligation de résilier notre contrat à compter du 1er avril prochain, date à partir de laquelle notre représentation sera confiée à Monsieur Laurent Buisset, 8, avenue Malakoff, 75016 Paris. Nous vous saurions gré de lui transmettre les échantillons et les divers

.../...

en tout et pour tout insgesamt, alles in allem
de toute évidence offensichtlich
imputer zuschreiben
respectivement jeweils
cadenas *m* Vorhängeschloß
faire part de mitteilen, zum Ausdruck bringen
insatisfaction *f* Unzufriedenheit
à plusieurs reprises wiederholt, mehrmals
exhortation *f* Ermahnung
se désintéresser de vernachlässigen
résilier (auf)kündigen
confier anvertrauen
transmettre übergeben

-2-

articles de démonstration qui vous avaient été confiés et qui demeurent notre propriété. Vous devrez donc vous abstenir, à compter de cette date, de vous adresser à la clientèle en notre nom.

Nous avons donné instruction à la Rhein-Ruhr-Bank de Düsseldorf de vous virer, par l'intermédiaire du Crédit Commercial de France à Paris, la somme de FF 1.320, montant de la commission qui vous revient sur la commande de la société Cermeil S.A.R.L., Lille. Nous vous prions, pour la bonne règle, de nous accuser réception de cette somme.

Veuillez agréer, Monsieur, nos sincères salutations.

Knapp & Wirth

démonstration *f*
Vorführung
s'abstenir de
davon Abstand nehmen zu
revenir à quelqu'un
j-m zustehen, j-m zukommen
pour la bonne règle
ordnungshalber

Bitte um Empfehlung eines Vertreters
Recherche d'un représentant

Dametz GmbH
A l'attention de M. H. Dürr
Am Anger 76

D-01237 Dresden

Besançon, le 5 septembre ...

Nos réf.: dm- 67/09

Monsieur,

Un ami personnel de longue date, actuellement en poste à la Chambre des métiers de Dresde, m'a conseillé de recourir à vos services, suite à la demande que je lui avais adressée concernant l'extension de nos activités dans les nouveaux Länder.

Spécialisée dans la production de systèmes de portage pour automobiles (galeries, porte-vélos, porte-surfs), notre société est déjà implantée depuis 1980 sur le marché ouest-allemand et désirerait prospecter les marchés de la Saxe, de la Saxe-Anhalt et de la Thuringe.

Nous vous saurions gré de bien vouloir nous indiquer quelqu'un, de préférence un homme d'une trentaine d'années, auquel nous pourrions confier la représentation de notre maison dans les régions mentionnées ci-dessus. Naturellement, il est indispensable que cette personne dispose de connaissances techniques dans le domaine de l'équipement automobile. Elle devra bien évidemment faire preuve d'une grande mobilité, d'esprit d'initiative et de dynamisme, être titulaire du permis de conduire et posséder une voiture pour ses déplacements.

.../...

un ami de longue date ein langjähriger Freund
actuellement en poste zur Zeit tätig
Chambre *f* **des métiers** Handwerkskammer
galerie *f* Dachgepäckträger
vélo *f* Fahrrad
implanté angesiedelt
prospecter un marché einen Markt erschließen
obligé verbunden
indispensable unerläßlich
faire preuve de zeigen
titulaire du permis de conduire Inhaber eines Führerscheins
posséder besitzen
déplacements *m/pl* Geschäftsreisen

–2–

Des connaissances du français seraient appréciées afin que nous puissions la familiariser avec nos méthodes de marketing à l'occasion d'un stage de formation, ici à Besançon.

Vous remerciant par avance de votre obligeance, nous vous prions d'agréer, Monsieur, l'expression de notre parfaite considération.

GMC

Daniel Meursault
Directeur Commercial

familiariser vertraut machen
stage *m* **de formation** Einarbeitung

Reklamation durch einen Vertreter
Réclamation d'un représentant

67

SIEGERT GmbH
Hansastr. 9

D-77656 Oldenburg

Etampes, le 8 février ...

Madame,

Je me permets de vous rappeler que je n'ai toujours pas reçu la collection d'échantillons que vous deviez m'envoyer fin janvier, et sans laquelle il m'est impossible de partir en tournée. Le temps presse, et si vous ne vous hâtez pas de me faire parvenir votre collection de nouveautés, il est vraisemblable que je me présenterai trop tard chez les clients et que ceux-ci se seront approvisionnés auprès d'autres fournisseurs.

Je vous prie donc instamment de réparer ce que je suppose n'être qu'un oubli de votre part et vous prie de croire, Madame, en mes sentiments dévoués.

Jean-Michel Ferrère

se permettre sich erlauben
rappeler qc à qn j-n an etwas erinnern
collection *f* **d'échantillons** Musterkollektion
tournée *f* (Geschäfts)Reise (eines Vertreters)
le temps presse die Zeit drängt
se hâter sich beeilen
nouveautés *f/pl* Neuheiten
se présenter vorsprechen
s'approvisionner sich eindecken
instamment inständig, dringend
supposer annehmen, vermuten
oubli *m* Versehen

68 Anfrage über Versicherungsmöglichkeiten
Demande de renseignements sur des possibilités d'assurance

Allianz Fulda
Breslauerstr. 5

D-36041 Fulda

Limoges, le 16 septembre ...

Messieurs,

En vertu d'un important contrat signé avec un grossiste allemand spécialiste de la papeterie scolaire et de bureau, nous serons amenés à procéder, dans les semaines et mois à venir, à des expéditions régulières de papier à impression et écriture à destination de Fulda.

La valeur des marchandises que nous nous sommes engagés à livrer est de FF 425.500, l'envoi de ces marchandises devant être fractionné à raison d'environ une expédition par mois, selon les besoins de notre client.

L'acheminement sera pris en charge par la maison de transport PEZAS S.A.R.L. de Limoges; la marchandise sera livrée en palettes comprenant un nombre variable de cartons solidarisés au moyen de films thermorétractables.

Nous vous saurions gré de nous faire parvenir une police d'abonnement tous risques pour l'ensemble de ces différentes livraisons. Etant donné que le premier envoi doit avoir lieu sous quinzaine, une prompte réponse à ce courrier nous obligerait.

Dans l'attente de vos propositions, nous vous prions d'agréer, Messieurs, ...

Ets Tavernier et Cie

en vertu de laut
papeterie *f* **scolaire** Schulartikel
être amené à etwas tun müssen
papier *m* **à impression et à écriture** Druck- und Schreibpapier
fractionner einzelne Lieferungen aufteilen
à raison de zu je
besoins *m/pl* Bedürfnisse, Bedarf
acheminement *m* Transport
prendre en charge übernehmen
au moyen de mittels
film *m* **thermorétractable** Schrumpffolie
faire parvenir zukommen lassen
sous quinzaine binnen 14 Tage
une prompte réponse nous obligerait für eine rasche Antwort wären wir Ihnen sehr verbunden

Erneuerung einer Abschreibe-Police
Renouvellement d'une police à alimenter

69

Impex Assurances
36, rue Volauvent

F-13000 Marseille

Cuxhaven, le 1er septembre ...

Objet: notre police n° ...

Messieurs,

Devant procéder au cours des prochains mois à l'embarquement, par des navires conventionnels et des porte-conteneurs de la Compagnie Chargexport, de plusieurs cargaisons à destination de ports brésiliens, nous aimerions prolonger la police à alimenter en référence ci-dessus pour la même somme et aux mêmes conditions que précédemment.

Nous vous saurions gré de nous donner confirmation de ce renouvellement et vous prions d'agréer, Messieurs, l'expression de nos sentiments distingués.

E. Holstedt GmbH

porte-conteneurs *m* Containerschiff
cargaison *f* Ladung, Fracht
à destination de ports brésiliens mit Bestimmungshäfen in Brasilien
police *f* **à alimenter** Abschreibe-Police
aux mêmes conditions que précédemment zu den bisherigen Bedingungen
renouvellement *m* Erneuerung

70 Schadensmeldung
Déclaration de sinistre

Aachener & Münchener
Versicherung AG
Steingadenerstr. 23

D-80802 München

Loudun, le 24 janvier ...

Messieurs,

Je viens d'être averti par notre client, la société ZEYRING GmbH à Traunstein (Bavière), que les systèmes d'alimentation électrique et de signalisation, qui lui ont été livrés en exécution d'une commande passée en début de ce mois ont été partiellement endommagés lors d'une opération de manutention intervenue durant leur transport, qui était assuré par votre compagnie.

Je vous transmets donc une copie de la réclamation qui m'a été adressée par notre client et une copie de tous les documents afférents à cette expédition.

Dans l'attente de vos instructions, je vous prie de recevoir, Messieurs, l'expression de mes meilleurs sentiments.

Leulliot & Cie

avertir benachrichtigen
alimentation *f* **électrique** Stromversorgung
partiellement teilweise
endommagé beschädigt
manutention *f* Handhabung
transmettre überreichen, übermitteln
afférent à betreffend
instruction *f* Anweisung

Antwort eines Versicherers auf eine Schadensmeldung
Réponse d'un assureur à une déclaration de sinistre

APEL GmbH
Krusestr. 8

D-44579 Celle

Strasbourg, le 25 mai ...

Mesdames, Messieurs,

Nous avons bien reçu votre déclaration de sinistre en date du 21 de ce mois et l'avons immédiatement transmise à notre centrale parisienne.

Afin de compléter votre dossier, nous joignons au présent courrier deux formulaires que vous voudrez bien nous retourner dûment remplis.

Nous vous prions de bien vouloir rappeler, dans toute correspondance ultérieure relative à ce sinistre, la référence EX/AG-8134/LA sous laquelle celui-ci a été enregistré.

Veuillez agréer, Mesdames, Messieurs, nos salutations distinguées.

Assurances Marx & Marcquel

déclaration *f* **de sinistre** Schadensmeldung
transmettre weiterleiten
compléter ergänzen
dûment ordnungsgemäß
remplir ausfüllen
enregistrer vormerken

72 Bitte um Absicherung des Währungsrisikos
Demande de couverture de risque de change

Messieurs J.C. Raffin & Co.,
(Insurance) Ltd.
31, St. Mary Axe

Londres EC3 W5E
Grande-Bretagne

Lens, le 15 juin ...

Messieurs,

Notre société s'apprête à conclure un important marché avec une société britannique portant sur la livraison, l'installation, la mise en œuvre et la maintenance d'équipements lourds de boulangerie industrielle près d'Aberdeen.

Ce contrat comporte deux clauses stipulant que cette transaction devra être effectuée en livres sterling et que le règlement définitif n'interviendra qu'après exécution complète de ce marché.

Désirant nous prémunir, dès la conclusion du contrat, contre le risque de change que cette opération nous fera encourir, nous prenons la liberté de solliciter votre concours et vous saurions gré de nous soumettre des propositions.

Nous nous tenons à votre entière disposition pour tout renseignement complémentaire et vous prions d'agréer, Messieurs, l'expression de nos sentiments les meilleurs.

Barnier S.A.

s'apprêter à sich anschicken, im Begriff sein
conclure un contrat einen Vertrag abschließen
mise *f* **en œuvre** Inbetriebnahme
maintenance *f* Wartung, Instandhaltung
comporter enthalten
clause *f* Klausel
stipuler vorsehen, bestimmen
transaction *f* Geschäft
intervenir erfolgen
se prémunir contre un risque sich gegen ein Risiko absichern
encourir un risque ein Risiko eingehen
solliciter um etwas ersuchen

Anfrage eines Spediteurs
Demande de précisions d'un transporteur

73

FRANCOTRANS
Allée Duquesne

F-67000 Strasbourg

Zabrze, le 1er juillet ...

Mesdames, Messieurs,

Nous avons été chargés par la société Nowakowski sp.z o.o., Bytom, du transport d'articles de layette et autres vêtements pour enfants devant être livrés aux Etablissements SORNIER & Cie, Estissac.

Sachant par expérience que le dédouanement de ces articles ne relève en France que de la compétence de certains bureaux de douane, nous vous saurions gré de nous indiquer où devra s'effectuer le passage en douane de ces marchandises censées être expédiées dans le courant de la semaine prochaine.

Vous remerciant à l'avance de votre prompte réponse, nous vous prions d'agréer, Mesdames, Messieurs, nos salutations distinguées.

RTS Spedition GmbH

charger beauftragen
articles *m/pl* **de layette** Babywäsche, Babyausstattung
par expérience aus Erfahrung
relever de la compétence de qn j-s Zuständigkeit unterliegen
bureau *m* **de douane** Zollamt
s'effectuer erfolgen, stattfinden

74 Probleme bei der Zollabfertigung
Difficultés rencontrées lors du dédouanement de marchandises

Herrn H. Stämpfli
Limmatstraße 5

CH-8027 Zürich

Evreux, le 27 avril ...

Monsieur,

Nous accusons réception de votre envoi de dix machines expédiées par vos soins en exécution de notre commande n° 62-C du 1er avril dernier.

Vous voudrez bien toutefois nous permettre de vous faire part de notre étonnement d'avoir dû régler des droits de douane pour entrer en possession de cette marchandise.

Il est en effet apparu, lors d'un contrôle effectué par la douane française, que certaines pièces de la marchandise qui nous a été adressée provenaient de pays asiatiques, en vertu de quoi la validité de la déclaration d'origine consignée sur le certificat EUR.1 a été contestée.

Ayant un besoin urgent de ce matériel, nous nous sommes vus contraints d'acquitter des droits sur cet envoi. Nous vous saurions gré de prendre en charge les frais inutilement occasionnés par cet incident imputable à la négligence de vos services et de les déduire de votre facture.

Vous priant instamment d'éviter que pareille erreur ne se reproduise à l'avenir, nous vous prions de recevoir, Monsieur, nos sincères salutations.

SOGEVAL S.A.

P.J.: 5 pièces justificatives

étonnement *m* Verwunderung
droits *m/pl* **de douane** Einfuhrzoll
la douane Zollbehörden
provenir de stammen aus
validité *f* Gültigkeit
déclaration *f* **d'origine** Ursprungserklärung
certificat *m* **EUR 1** Warenverkehrsbescheinigung EUR 1
contester beanstanden
prendre en charge übernehmen
imputable à zurückzuführen auf
instamment inständig
pièce *f* **justificative** Beleg

Bewerbung auf ein Stellenangebot hin
Réponse à une offre d'emploi

75

Qualitec AG

D-45470 Mülheim an der Ruhr

Paris, le 4 juin ...

Objet: votre annonce parue dans le Monde

Madame, Monsieur,

Vivement intéressé par votre offre d'emploi, je souhaiterais par la présente poser ma candidature au poste actuellement vacant de responsable export dans votre société.

Du fait de fréquents déplacements professionnels en Allemagne et d'une carrière essentiellement menée dans la construction mécanique, le nom de votre entreprise ainsi que les produits que vous commercialisez me sont depuis longtemps familiers. Outre les connaissances spécifiques que me confère mon expérience dans votre secteur d'activité, je pense disposer des qualités de flexibilité et d'innovation exigées pour ce poste et me permets donc de vous adresser ci-joint mon curriculum vitæ.

Dans l'attente de vous rencontrer, je vous prie d'agréer, Madame, Monsieur, ...

Philippe Berthier

P.J.: 1 curriculum vitæ

offre *f* **d'emploi** Stellenangebot
poser sa candidature à un poste vacant sich um einen offenen Posten bewerben
responsable *m/f* Verantwortliche(-r), Führungskraft
déplacement *m* Geschäftsreise
construction *f* **mécanique** Maschinenbau
familier, -ère vertraut
expérience *f* Erfahrung
disposer de verfügen über
exigé verlangt
curriculum *m* **vitæ** Lebenslauf

76 Unaufgeforderte Bewerbung bei einer ausländischen Firma
Candidature spontanée auprès d'une société étrangère

Molipa S.A.
23, rue des Faux-Trichets

F-67336 Strasbourg Cedex

Leipzig, le 30 mai ...

Monsieur le Directeur des ressources humaines,

J'ai eu le plaisir de faire la connaissance, lors d'un récent congrès international qui se tenait dans votre ville, de M. Jean-Claude Baylet, qui dirige le département de la Communication de la Chambre de commerce de Strasbourg et qui, à ce titre, vous connaît personnellement de longue date.

Au cours de notre longue discussion, M. Baylet m'a laissé entendre que votre société recherchait, dans le cadre des affaires qu'elle traite avec différents pays d'Europe de l'Est, des technico-commerciaux disposant de bonnes connaissances de ces marchés. Ayant remarqué l'intérêt que je portais à ses propos, il m'a donné vos coordonnées en me suggérant de me mettre en rapport avec vous en vue d'un éventuel entretien.

Titulaire d'un diplôme d'ingénieur commercial, je travaille actuellement dans une grande entreprise spécialisée dans la fabrication de matériaux plastiques et composites, basée dans ma ville natale de Leipzig, et qui entretient depuis longtemps des rapports privilégiés avec la Pologne, la République tchèque, la Slovaquie et la Hongrie. J'ajoute que je possède de bonnes connaissances tant en français

.../...

Directeur *m* **des ressources humaines (DRH)** Personalchef
se tenir (manifestation) (Veranstaltung) stattfinden
Chambre *f* **de commerce** Handelskammer
à ce titre in dieser Funktion
de longue date seit langer Zeit
laisser entendre zu verstehen geben
rechercher suchen
technico-commercial, -aux *m* kaufmännisch-technischer Berater
coordonnées *f/pl* Adresse und Rufnummer
se mettre en rapport sich in Verbindung setzen
titulaire *m* Inhaber
basé à mit Sitz in
ville *f* **natale** Heimatstadt
ajouter hinzufügen

-2-

qu'en russe, en particulier du fait de stages prolongés effectués en France et dans l'ex-Union soviétique.

Je me tiens à votre disposition pour un entretien et vous prie de recevoir, Monsieur le Directeur, l'expression de mes sentiments les meilleurs.

Karl Lange

P.J.: 1 curriculum vitæ

stage *m* Praktikum
entretien *m* Gespräch
curriculum vitæ *m* Lebenslauf

77 Einladung zu einem Vorstellungsgespräch
Convocation à un entretien d'embauche

Mademoiselle Cécile Briand
2, cours Desjardins

F-49000 Angers

Solingen, le 5 janvier ...

Mademoiselle,

Nous vous remercions de la lettre de candidature que vous nous avez fait parvenir et que nous avons lue avec beaucoup d'attention et d'intérêt.

Souhaitant donner suite à ce premier contact, nous vous invitons à vous présenter le lundi 17 janvier, à 9 heures 30, au siège de notre société à Solingen, Schlesienstrasse 5.

Pour des raisons d'organisation que vous comprendrez aisément, nous vous saurions gré de nous confirmer votre venue dès réception du présent courrier en téléphonant au (0212) 99 53 08, poste 310.

Veuillez agréer, Mademoiselle, l'expression de nos sentiments les meilleurs.

GERLACH AG

candidature *f* Bewerbung
attention *f* Aufmerksamkeit
souhaitant donner suite à nach
se présenter sich (persönlich) vorstellen
siège *m* Sitz
pour des raisons d'organisation aus organisatorischen Gründen
aisément leicht
nous vous saurions gré wir wären Ihnen dankbar
venue *f* Kommen, Besuch
dès réception sofort nach Erhalt
le présent courrier das vorliegende Schreiben
poste *m* Durchwahl

Ablehnung einer Bewerbung
Réponse négative à une candidature

Madame Isabelle Nicolle
24, allée Duquesne

F-88000 Epinal

Fürstenfeldbruck, le 25 février ...

Madame,

En réponse à votre lettre de candidature que vous nous avez adressée le 11 février dernier, nous avons le regret de vous informer que nous ne pouvons malheureusement pas donner une suite favorable à votre demande.

Il semble en effet que votre profil ne corresponde pas exactement à nos exigences, le poste de responsable export à pourvoir dans notre entreprise nécessitant, du fait de nos contacts quasi quotidiens avec les pays hispanophones, une parfaite connaissance de l'espagnol.

Nous vous retournons donc votre dossier de candidature et espérons que vous trouverez très bientôt une situation conforme à vos aspirations.

Veuillez agréer, Madame, l'expression de nos sentiments les meilleurs.

EPTA GmbH

avoir le regret de
bedauern
donner une suite favorable à une demande
einem Antrag Folge leisten
profil *m*
berufliche Fähigkeiten und Kenntnisse
pourvoir un poste
eine Stelle besetzen
hispanophone
spanischsprachig
aspirations *f/pl*
Vorstellungen

79 Zusage bezüglich eines Anstellungsverhältnisses
Lettre d'engagement

Mademoiselle Cécile Briand
2, cours Desjardins

F-49000 Angers

Solingen, le 30 janvier ...

N/Réf.: PA/1-gc

Mademoiselle,

Suite à l'entretien que nous avons eu le 17 janvier dernier, nous avons le plaisir de vous annoncer que le poste de responsable export à pourvoir dans notre entreprise vous a été attribué et vous donnons par la présente confirmation de votre engagement.

Indépendamment des précisions relatives à votre embauche énoncées dans les deux exemplaires du contrat figurant en annexe, permettez-nous d'en reprendre ici les principales dispositions.

Votre entrée en fonction dans notre société prendra effet le 1er mars prochain pour une période d'essai de six mois. En cas d'embauche définitive au terme de cette période, au cours de laquelle vous recevrez une formation spécifique dans différents services de notre établissement, votre rémunération mensuelle brute passera de DM 4.800 à DM 5.300 à compter du 1er septembre de cette année. Nous vous rappelons en outre que notre personnel touche un treizième mois ainsi qu'une prime de vacances versés respectivement en sus des salaires de juin et novembre.

.../...

entretien *m* Gespräch
pourvoir besetzen
attribuer zuerkennen
engagement *m* Anstellung
entrée *f* **en fonction** Dienstantritt
période *f* **d'essai** Probezeit
embauche *f* **définitive** feste Anstellung
formation *f* Ausbildung
service *m* Abteilung
établissement *m* Firma
rémunération *f* Gehalt
mensuel monatlich
treizième mois *m* 13. Monatsgehalt
prime *f* **de vacances** Urlaubsgeld
verser (be)zahlen
salaire *m* Gehalt

–2–

Par ailleurs, nous vous confirmons également que notre société est disposée à prendre en charge 75 % des frais de déménagement engagés du fait de votre nouvelle affectation.

Nous vous prions de bien vouloir nous signifier votre accord sur les termes du contrat en nous retournant l'un des deux exemplaires ci-joint pourvu de votre signature.

Veuillez agréer, Mademoiselle, l'expression de nos sentiments les meilleurs.

GERLACH AG

P.J.: contrat d'embauche en double exemplaire

par ailleurs
außerdem
prendre en charge
übernehmen
frais *m/pl* **de déménagement engagés**
anfallende Umzugskosten
signifier son accord
seine Zustimmung erteilen
termes *m/pl* **du contrat**
Wortlaut des Vertrages
pourvoir de
versehen mit
en double exemplaire
in doppelter Ausfertigung

80 Empfehlungsschreiben für einen Handelsvertreter
Lettre de recommandation d'un agent commercial

GMC
A l'attention de M. D. Meursault
9, rue Eugène-Sue

F-25112 Besançon Cedex

Dresden, le 15 septembre ...

Vos réf.: dm- 67/09
Nos réf.: db-nc-98/8

Objet: votre lettre du 5 septembre

Monsieur,

En réponse à votre lettre, je me permets d'attirer votre attention sur la personne de M. Reinhard Lohmeier, agent commercial local d'un de nos fournisseurs anglais d'accessoires automobiles, la Gatway & Co. Ltd., Birmingham, par l'entremise duquel cette société traite un volume de vente appréciable avec différents clients de la région.

Je sais, pour m'être fréquemment entretenu avec lui lors de ses visites, que M. Lohmeier travaille actuellement pour le compte de plusieurs entreprises dont l'activité a trait, de près ou de loin, au secteur de l'automobile.

Je me suis personnellement toujours félicité de sa conscience professionnelle, de sa ponctualité et de son sens inné des affaires. Sa compétence et son goût du contact en font un négociateur et un partenaire de qualité, attentif aux besoins de sa clientèle

.../...

agent *m* **commercial** Handelsvertreter
fournisseur *m* Lieferant
entremise *f* Vermittlung
fréquemment häufig
s'entretenir sich unterhalten
avoir trait à in Zusammenhang stehen mit
se féliciter sich freuen
conscience *f* **professionnelle** Pflichtbewußtsein
inné angeboren
goût *m* **du contact** Kontaktfreudigkeit
négociateur *m* Verhandlungspartner
attentif à bedacht auf

-2-

tout en conservant le souci de servir au mieux les intérêts des sociétés dont il assure la représentation et qui, je crois, ont tout lieu d'être satisfaites de l'activité et de la loyauté de leur agent.

En considération tant de ses qualités professionnelles que de sa personnalité, je ne saurais que vous recommander de prendre contact avec M. Lohmeier et vous adresse sous ce pli sa carte de visite.

Espérant vous avoir été utile, je vous prie de recevoir, Monsieur, l'assurance de mes sentiments les meilleurs.

Heiner Dürr

P.J.: 1 carte de visite

servir les intérêts de j-s Interessen dienen
avoir tout lieu de allen Grund haben
en considération de in Anbetracht
sous ce pli anbei

81 Empfehlungsschreiben
Lettre de recommandation

GERLACH AG

D-42659 Solingen

Monsieur le Directeur des ressources humaines,

Mademoiselle Cécile Briand a travaillé de février ... à août ... en tant que responsable technico-commerciale dans notre entreprise. Directement rattachée au chef de notre service export, elle a eu pour mission tout au long de cette période de coordonner nos activités à l'exportation sur le marché allemand.

A ce titre, elle avait en particulier la charge du suivi et de la promotion de nos ventes sur ce marché, ses activités recouvrant entre autres l'élaboration et l'analyse de statistiques de vente, la gestion du budget publicitaire affecté au marché allemand. Elle a par ailleurs représenté notre société lors de différentes manifestations commerciales en Allemagne.

C'est avec regret que nous avons pris acte, au terme de quatre années de fructueuse collaboration, de sa volonté de quitter notre société, qui a perdu en elle une collaboratrice dont la compétence et le dévouement n'ont été source que d'éloges de la part de ses supérieurs. Elle s'est toujours acquittée de façon exemplaire des tâches qui lui ont été confiées.

Convaincus des capacités de Mademoiselle Briand, nous ne doutons pas qu'elle donnera entière satisfaction dans l'emploi qu'elle a postulé auprès de votre entreprise. Nous vous prions de croire, Monsieur le Directeur, ...

Thiriet S.A.R.L.

en tant que als
rattaché unterstellt
mission *f* Auftrag
à ce titre in dieser Funktion
promotion *f* **des ventes** Verkaufsförderung
recouvrir umfassen
élaboration *f* Erstellung
gestion *f* Verwaltung
affecté au für den
manifestation *f* Veranstaltung
au terme de nach
collaboration *f* Mitarbeit
dévouement *m* Hingabe, Einsatzbereitschaft
éloges *m/pl* Lob
supérieur *m* Vorgesetzter
s'acquitter d'une tâche eine Aufgabe erfüllen
exemplaire beispielhaft
convaincu überzeugt
postuler un emploi sich um eine Stelle bewerben

Rechtsstreit - Einholung eines Gutachtens
Litige - Demande d'expertise

82

Monsieur le Président du
Tribunal de Commerce de Metz
2, place des Commandeurs

F-57000 Metz

Montigny, le 14 octobre ...

Monsieur le Président,

Votre tribunal ayant été désigné comme juridiction compétente pour tout litige relatif à l'exécution du contrat de vente que nous avons passé le 7 mars dernier avec la société ATC GmbH, Neunkirchen (Allemagne), nous nous permettons de soumettre à votre appréciation le différend qui nous oppose à l'entreprise susmentionnée.

Conformément aux dispositions dudit contrat, nous avons livré le 14 août dernier sept machines d'emballage de type spécial fabriquées par nos soins selon les plans et prescriptions fournies par notre client. Or, un contrôle technique effectué après livraison a révélé que nos machines n'étaient pas en totale conformité avec certaines normes de sécurité en vigueur dans le pays de l'acheteur.

Notre client a alors mis en cause notre responsabilité et exigé que nous procédions à nos frais à l'enlèvement de ce matériel et aux modifications techniques nécessaires pour satisfaire aux normes en question.

Convaincus d'avoir rempli toutes les obligations de ce contrat, nous estimons pour notre part qu'il appartenait à l'acquéreur, en sa qualité de donneur

.../...

désigner festlegen
passer un contrat einen Vertrag abschließen
différend *m* Rechtsstreit
susmentionné obenerwähnt
dudit contrat besagten Vertrages
emballage *m* Verpackung
prescriptions *f/pl* Anweisungen
révéler zeigen, aufzeigen
en vigueur geltend
mettre en cause la responsabilité de qn j-n zur Verantwortung ziehen
enlèvement *m* Abholung
remplir ses obligations seinen Verpflichtungen nachkommen
acquéreur *m* Käufer
en sa qualité de donneur d'ordres als Auftraggeber

–2–

d'ordres, de s'enquérir à temps des normes applicables et d'en tenir compte dans l'élaboration des spécifications techniques des machines dont il nous a ensuite passé commande.

Nous vous envoyons ci-inclus les différents documents se rapportant à ce litige et vous saurions gré de nommer un expert qui puisse établir la part exacte des responsabilités de l'une et de l'autre partie dans cette affaire.

Nous en remettant d'avance à vos décisions, nous vous prions d'agréer, Monsieur le Président, l'expression de notre parfaite considération.

EMBREMONT S.A.R.L.

s'enquérir de
sich erkundigen über
s'en remettre à
vertrauen auf

Ernennung eines Schiedsgerichts in Übersee
Désignation d'un arbitre outre-mer

83

Messieurs Charlier & Chamfort
8, quai Saint-Antoine

Montréal
Canada

Calais, le 27 avril ...

Messieurs,

Nous avons actuellement un différend avec la maison Bird, Prévost & Co. de Montréal au sujet d'une livraison de tissus techniques et d'ameublement, et comme cette maison exige un arbitrage, nous vous prions d'avoir l'obligeance de nous servir d'arbitre dans ce litige.

Comme vous le verrez à la lecture du dossier ci-joint reprenant tous les détails de cette affaire, la livraison devait se faire conformément à 5 échantillons que la maison précitée nous avait préalablement soumis. Nous vous envoyons sous pli séparé un morceau de chacun de ces échantillons afin que vous puissiez faire une comparaison en toute connaissance de cause. Vous constaterez peut-être une légère nuance de ton, mais celle-ci, de l'avis d'un expert que nous avons consulté, reste dans la limite des écarts tolérés. En l'occurence, il s'agit sûrement d'une réclamation arbitraire du client, qui tente de compenser, en nous réclamant une substantielle diminution de prix, la perte que la récente baisse des cours des matières premières utilisées dans la fabrication de nos articles lui a fait subir.

.../...

avoir un différend avec in Streit liegen mit
tissus *m/pl* **d'ameublement** Deko- und Bezugsstoffe
exiger verlangen
arbitrage *m* Schiedsspruch
obligeance *f* Freundlichkeit
arbitre *m* Schiedsrichter
se faire erfolgen
échantillon *m* Muster
soumettre vorlegen
sous pli séparé mit getrennter Post
en toute connaissance de cause in Kenntnis der Sachlage
écart *m* Abweichung
en l'occurence im vorliegenden Falle
substantiel, -le bedeutend
diminution *f* **de prix** Preisnachlaß
baisse *f* Preissturz
matières *f/pl* **premières** Rohstoffe

-2-

Nous vous prions de bien vouloir représenter nos intérêts dans cette affaire et de vous mettre en rapport en notre nom avec notre client, qui vous fera connaître l'arbitre qu'il aura désigné.

Nous espérons qu'un accord pourra être trouvé avec la partie adverse pour éviter d'avoir à nommer un surarbitre.

Veuillez agréer, Messieurs, nos salutations distinguées.

Ets Vilmin & Gerland

P.J.: 1 dossier

se mettre en rapport sich in Verbindung setzen
désigner bestellen
partie *f* **adverse** Gegenpartei
surarbitre *m* Oberschiedsrichter

Marktbericht eines Vertreters
Rapport d'un représentant sur la situation du marché

84

MECATRONIC GmbH
Theodor-Heuss-Str. 7

D-72766 Reutlingen

Rennes, le 14 mars ...

Monsieur,

Suite à la demande que vous m'avez adressée, je me permets de porter à votre connaissance les précisions suivantes relatives à la situation actuelle du marché dans le secteur dont j'ai la charge (régions Bretagne et Pays de la Loire).

Les effets de la conjoncture défavorable sur l'ensemble de l'activité économique de ces deux régions continuent de se faire sentir. L'industrie mécanique ne fait pas exception à la règle: un tassement du chiffre d'affaires et une baisse sensible de l'investissement sont le lot d'une grande majorité des entreprises, clientes de la nôtre, que j'ai visitées ces derniers mois.

La chute de près de 30 %, au cours du dernier trimestre, du volume des commandes passées à notre maison par la société GOUREY S.A., numéro un local du secteur, illustre parfaitement à elle seule la gravité de la situation. Cette baisse spectaculaire, qui affecte une bonne partie de l'industrie sous-traitante locale, est due aux difficultés rencontrées par GOUREY S.A., difficultés qui devraient se traduire par des dégraissages d'effectifs dans le courant de l'année ainsi que par une concentration de la production sur certaines activités viables, en particulier le petit équipement industriel.

.../...

suite à
in Beantwortung
porter qc à la connaissance de qn
j-n von etwas in Kenntnis setzen
précisions *f/pl*
Einzelheiten
tassement *m*
Rückgang, Abflachen
chiffre *m* **d'affaires**
Umsatz
lot *m* Los
chute *f* Sturz, dramatischer Rückgang
trimestre *m* Quartal
gravité *f* **de la situation**
Ernst der Lage
affecter
in Mitleidenschaft ziehen
industrie *f* **sous-traitante**
Zulieferungsbranche, -industrie
se traduire par
sich niederschlagen in
dégraissage *m* **d'effectifs**
Personalabbau
viable
entwicklungsfähig

–2–

J'ai par ailleurs appris tout récemment qu'une maison coréenne d'outillage, opérant sur tout le territoire national depuis son agence parisienne, s'apprêtait à démarcher systématiquement tous les clients potentiels de la région. On ignore encore quels sont le prix et la qualité des produits offerts, mais il s'agit là sans conteste d'un concurrent supplémentaire sur lequel je serai appelé à revenir dans mon prochain rapport.

Veuillez agréer, Monsieur, l'expression de mes sentiments dévoués.

Lionel Forlot

tout récemment
erst kürzlich
outillage *m* Werkzeugsausrüstung, Arbeitsgeräte
démarcher des clients
Kunden besuchen
sans conteste
ohne jeden Zweifel

Übermittlung der Ergebnisse einer Marktstudie
Communication des résultats d'une étude de marché

85

Alimieux S.A.
30, rue Galilée

F-92140 Clamart

Cologne, le 7 décembre ...

Messieurs,

Veuillez trouver ci-joint l'étude dont vous nous aviez confié la réalisation en vue du lancement éventuel par votre société d'une nouvelle ligne de produits laitiers allégés sur le marché allemand.

Cette étude révèle avant tout une évolution tout à fait perceptible des comportements d'achat des consommateurs en général, et en particulier de la cible visée par vos produits. En effet, les ménages allemands tendent indéniablement à gérer de plus en plus rigoureusement leur budget alimentaire, le choix des articles achetés s'opérant davantage selon des critères de prix que de qualité. Si cette tendance devait se confirmer, il est probable que les premiers touchés seraient les produits haut de gamme des marques renommées, dont la qualité ne justifie plus aux yeux de la clientèle l'écart de prix constaté. Considérée sous cette angle, la politique de prix à adopter devrait être un axe de réflexion essentiel lors de la phase de prélancement de vos produits.
En outre, tout porte à croire que la vogue des produits allégés s'est singulièrement essoufflée au cours des derniers mois. Certes, il reste vraisemblablement certains créneaux à occuper dans ce

.../...

lancement *m* Einführung
produits *m/pl* **laitiers allégés** Milchprodukte light
perceptible spürbar
comportement *m* **d'achat** Kaufverhalten
cible *f* Zielgruppe
ménage *m* Haushalt
indéniablement eindeutig
produits *m/pl* **haut de gamme** Artikel der oberen Preisklasse
écart *m* **de prix** Preisunterschied
considéré sous cet angle unter diesem Gesichtspunkt
tout porte à croire que alle Anzeichen sprechen dafür, daß
s'essouffler nachlassen
créneau *m* Marktlücke

-2-

segment de marché, mais la prolifération de ces produits rend leur identification difficile dans les linéaires qu'ils encombrent, les qualificatifs «allégé» et autres «light» ne suffisant plus à engendrer à eux seuls des achats impulsifs. Le lancement de tels produits devrait donc s'accompagner d'une campagne publicitaire d'envergure et d'actions promotionnelles sur le lieu de vente.

Enfin, il ressort de notre étude que l'image du produit devrait constituer une priorité de l'approche du marché à exploiter. En effet, les produits laitiers eux-mêmes ne sont plus jugés à leur seule saveur, mais en particulier à l'image qu'ils véhiculent (sveltesse, santé, dynamisme, modernité, etc.). A cet égard, il conviendrait donc de soigner l'aspect visuel du conditionnement, tant dans le choix des matériaux que des couleurs.

Dans l'espoir que ces précisions, qui ne sont que quelques-unes des conclusions de notre étude, vous donneront une meilleure vue d'ensemble des potentialités du marché, nous vous prions d'agréer, Messieurs, nos salutations distinguées.

Consulta GmbH

P.J.:1 dossier d'étude

prolifération *f* starke Verbreitung
linéaires *m/pl* (*auch:* **gondoles** *f/pl*) Verkaufsregale
encombrer qc zuviel Platz beanspruchen in
s'accompagner de einhergehen mit, Hand in Hand gehen mit
d'envergure groß angelegt
action *f* **promotionnelle** Verkaufsförderungskampagne
ressortir de hervorgehen aus
approche *f* **du marché à exploiter** Marktbearbeitung
saveur *f* Geschmack
véhiculer une image ein Image vermitteln
sveltesse *f* Schlankheit
sélectionner auswählen
potentialités *f/pl* **du marché** Marktpotential

Mitteilung der Betriebsergebnisse der Muttergesellschaft
Communication des résultats de la maison mère

Deutz-Linger GmbH
Kreutzerweg 13

D-87439 Kempten

Chartres, le 6 juillet ...

Messieurs,

Comme il est de tradition dans notre maison, nous adressons cette année encore à toutes nos succursales étrangères ainsi qu'à nos principaux partenaires un dossier reprenant de larges extraits du rapport annuel présenté le 21 juin dernier à l'assemblée générale ordinaire de notre groupe.

Le document que nous avons l'honneur de vous remettre aujourd'hui vous donnera une image fidèle de la vitalité d'AGROFLEX S.A. en dépit d'un contexte économique maussade et d'une concurrence internationale de plus en plus vive.

Comme l'a souligné M. Claude Dupraz, P.D.G. de notre société, dans le discours qu'il a prononcé devant les actionnaires présents à l'A.G.O., le chiffre d'affaires pour l'année écoulée s'est monté à 923 MF, en progression de 11,3 % par rapport à l'exercice précédent.

Cet accroissement du volume de nos transactions est allé de pair avec celui de nos parts de marché dans la quasi-totalité des pays où nous sommes présents, notamment en Allemagne et dans les pays du Benelux, où l'augmentation a été la plus sensible. En outre, cette croissance ne s'est pas effectuée au détriment de la rentabilité, le résultat consolidé de l'exercice affichant lui aussi une augmentation proche de 11 %.

.../...

succursale *f* Zweigstelle
extrait *m* Auszug
rapport *m* **annuel** Jahresbericht
assemblée *f* **générale ordinaire (A.G.O.)** ordentliche HV
groupe *m* Konzern
remettre vorlegen
maussade trostlos
de plus en plus vive immer schärfer werdend
P.D.G. (président-directeur général) *m* Verwaltungsratsvorsitzender (franz. SA)
chiffre *m* **d'affaires** Umsatz
MF (millions de francs) Mio. Francs
exercice *m* Betriebs-, Rechnungsjahr
aller de pair avec Hand in Hand gehen mit
part *f* **de marché** Marktanteil
sensible deutlich
au détriment de auf Kosten
afficher aufweisen

-2-

L'année écoulée, en se soldant donc en tous points par un bilan positif pour notre société, a confirmé le bien-fondé de la politique menée jusqu'à présent, politique caractérisée par le souci d'une gestion serrée, un développement équilibré de nos différentes activités, une prospection systématique des nouveaux marchés porteurs et des débouchés offerts par le Marché unique.

Vous souhaitant bonne réception des documents ci-joints, nous vous prions de croire, Messieurs, à l'assurance de nos sentiments les meilleurs.

AGROFLEX S.A.

l'année écoulée das Vorjahr
se solder par enden mit
gestion *f* **serrée** straffe Betriebsführung
prospection *f* Marktuntersuchung
marché *m* **porteur** zukunftsträchtiger Markt
débouché *m* Marktchance
le Marché unique der europäische Binnenmarkt

Stellungnahme zum Jahresbericht der Muttergesellschaft
Réponse d'une société au rapport annuel de la maison mère

87

Monsieur le Président
André Freysson
Groupe SICO METAL
23, rue de Feltre

F-75008 Paris

Essen, le 21 mars ...

V/Réf.: AF-dg/al-65
N/Réf.: jd-1/9

Monsieur le Président,

Je vous remercie de m'avoir envoyé le rapport annuel du Groupe SICO Metal. Ce rapport, que j'ai soumis à mes collègues du Directoire, a inspiré à ces derniers certaines réflexions dont je souhaiterais ici vous faire part.

Je me permets tout d'abord d'attirer votre attention sur le fait que les résultats de notre société, tels qu'ils figurent dans le document qui nous a été remis, ne reflètent que de façon très imparfaite l'activité de SICO Deutschland AG de ces derniers mois.

En effet, les pertes que nous avons subies au cours de l'exercice écoulé ne sont imputables qu'à la grève qui a paralysé l'ensemble de la métallurgie allemande en octobre dernier. Sans ce conflit social d'une ampleur sans précédent, il est probable que nos résultats financiers auraient été proches de l'équilibre.

.../...

soumettre vorlegen
Directoire *m* Vorstand
tels qu'ils figurent dans le document so wie sie im Dokument stehen
remettre überlassen
subir une perte einen Verlust erleiden
l'exercice écoulé im abgelaufenen Geschäftssjahr
être imputable à auf etwas zurückzuführen sein
paralyser lahmlegen
l'ensemble *m* **de la métallurgie** die gesamte Metallindustrie
ampleur *f* Ausmaß
sans précédent beispiellos

-2-

En outre, les mesures que nous avons récemment prises en faveur d'une rationalisation de la production et les contrats internationaux que nous avons signés au premier semestre devraient nous permettre de renouer avec les bénéfices dès cette année.

Compte tenu de ces perspectives encourageantes, il ne me paraît guère opportun de concrétiser les mesures de licenciement dont SICO METAL avait envisagé l'éventualité, d'autant que le climat social demeure extrêmement tendu dans tout le secteur de la métallurgie allemande.

Dans l'espoir que ces précisions vous seront utiles, je vous prie de croire, Monsieur le Président, à l'assurance de mes sentiments les meilleurs.

SICO Deutschland AG

Jürgen Dahlke
Président du Directoire

renouer avec les bénéfices wieder in die Gewinnzone kommen
encourageant ermutigend
licenciement *m* Entlassung

Einladung zur oHV eines multinationalen Konzerns
Invitation à l'A.G.O. d'une multinationale

M. ...

Paris, le ...

THIRIET Composants S.A. invite tous ses actionnaires à l'Assemblée Générale Ordinaire qui se tiendra le vendredi 17 juin au Centre de Congrès Denis Grangier de Grenoble.

Les points à l'ordre du jour seront les suivants:

- rapports de gestion et rapport des Commissaires aux comptes
- approbation des comptes pour l'exercice écoulé
- affectation des bénéfices et fixation du dividende
- nomination des Administrateurs.

Outre un exemplaire des comptes de résultats et des bilans comptables du dernier exercice, vous trouverez sous ce pli le détail des modalités de participation à l'Assemblée. Nous vous rappelons, à toutes fins utiles, que les formulaires de vote par correspondance doivent impérativement nous parvenir avant le mercredi 15 juin. N'hésitez pas à contacter notre Service de Relations avec les Actionnaires pour tout complément d'information.

THIRIET Composants S.A.

se tenir stattfinden
ordre *m* **du jour** Tagesordnung
rapport *m* **de gestion** Bericht der Geschäftsführung
commissaire *m* **aux comptes** Abschlußprüfer
approbation *f* Genehmigung
exercice *m* Geschäftssjahr
affectation *f* **des bénéfices** Verwendung der Gewinne
administrateur *m* Mitglied des Verwaltungsrats
outre neben, außer
comptes *m/pl* **de résultats** Erfolgskonten
à toutes fins utiles für alle Fälle
vote *m* **par correspondance** Briefwahl
impérativement unbedingt

89 Rundschreiben eines multinationalen Konzerns
Circulaire d'une multinationale

M...

Munich, le ...

La réalisation du Marché unique et l'instauration de la libre circulation des biens, des services, des capitaux et des personnes au sein de l'Union européenne ont constitué un événement majeur dont notre groupe, basé en Allemagne, solidement implanté en Europe et opérant dans près de 60 pays, se devait de prendre en considératon dans sa stratégie commerciale.

Persuadés que la construction européenne offre de nouvelles perspectives à notre activité, nous avons décidé la création d'une cellule internationale d'étude et de réflexion, baptisée «Europa 2000» et regroupant des experts de différents pays et secteurs (technique, commercial, logistique, assurance...), tous issus de notre groupe.

Cette cellule de réflexion, dont la composition exacte vous sera précisée dans un prochain bulletin d'information, aura pour charge de répertorier et d'analyser les incidences de l'unification européenne en cours sur notre groupe pour ensuite élaborer, puis mettre en œuvre des propositions relatives aux modifications à apporter aux orientations, voire aux structures de celui-ci.

Cette démarche suppose naturellement le concours de tous, l'un de ses objectifs étant d'améliorer les synergies au sein du réseau international de SKW AG. A cet égard, la cellule «Europa 2000»

.../...

la réalisation du Marché unique das Zustandekommen des europäsichen Binnenmarktes
instauration *f* Etablierung
libre circulation *f* **des biens, des services et des personnes** die vier Freiheiten (Freiheit des Waren-, Dienstleistungs-, Geld- und Personenverkehrs)
prendre en considération berücksichtigen
cellule *f* **d'étude et de réflexion** Expertenteam
regroupant zusammengesetzt aus
tous issus de notre groupe die alle zu unserem Konzern gehören
répertorier erfassen, auflisten
incidences *f/pl* Auswirkungen
élaborer ausarbeiten
orientations *f/pl* Kurs, Richtung
concours *m* Zusammenwirken

-2-

aura pour mission d'expliquer les enjeux européens tout en favorisant les échanges d'idées entre nos différentes implantations européennes.

Nous espérons que vous réserverez un bon accueil à cette initiative qui se veut conforme aux exigences du temps et à l'esprit d'innovation qui caractérise notre groupe.

Veuillez agréer, Madame, Monsieur, nos salutations les meilleures.

SKW AG

enjeux *m/pl*
was auf dem Spiel steht
échange *m*
Austausch
implantation *f*
Niederlassung
réserver un bon accueil à
wohlwollend aufnehmen

90 Mitteilung über die Übernahme einer Firma
Avis de rachat d'une société

M. ...

Paris, le ...

Nous sommes heureux de vous confirmer la conclusion, au terme de longues négociations, d'un contrat portant sur le rachat par notre holding de la société allemande d'optique oculaire INTERGLAS AG, Hambourg.

INTERGLAS était en proie depuis plusieurs années à de sérieuses difficultés essentiellement dues à l'insuffisance de ses ressources en capital, cette entreprise ayant été incapable de réaliser, en matière de recherche et développement, les investissements nécessaires au maintien de sa compétitivité dans un secteur de plus en plus concurrentiel.

Désormais soutenue par notre capacité financière, INTERGLAS AG saura certainement mettre à profit ses compétences et son savoir-faire universellement reconnus dans la branche pour redéfinir ses objectifs et prendre un nouveau départ.

L'intégration de cette société marquera à coup sûr une nouvelle phase dans le développement de notre holding et permettra de créer, au sein de celui-ci, un véritable pôle de spécialisation dans le domaine de la mécanique de précision tout en soulignant notre vocation européenne.

Nous vous invitons donc à prendre connaissance du dossier joint à cet envoi concernant INTERGLAS AG et vous prions d'agréer...

Groupe GNT

conclusion *f* Abschluß
au terme de nach
être en proie à de sérieuses difficultés mit großen Schwierigkeiten zu kämpfen haben
dû, due à bedingt durch
recherche et développement Forschung und Entwicklung
compétitivité *f* Wettbewerbsfähigkeit
mettre à profit nutzen
savoir-faire *m* Know-how
reconnu anerkannt
objectif *m* Ziel
pôle *m* **de spécialisation** Schwerpunkt
vocation *f* Ausrichtung

Bitte um Auskunft bezüglich Anzeigenpreisliste
Demande de renseignements sur des tarifs publicitaires

91

Agence Générale de Publicité
71, rue Marceau

F-75008 Paris

Fürth, le 12 août ...

Mesdames, Messieurs,

Nous vous prions de bien vouloir nous indiquer vos prix et conditions pour trois publications de l'annonce ci-incluse, sur deux colonnes, dans «Le Figaro».

Veuillez également nous préciser si, selon vous, ce quotidien est bien l'organe approprié pour ce genre d'annonces ou si vous auriez un autre journal à nous recommander.

Désirant également faire paraître cette annonce dans de grands quotidiens de province, en particulier dans les agglomérations de Lyon, de Marseille et de Bordeaux, nous vous prions de nous dire quels journaux nous devrions contacter et nous préciser le prix d'une ou plusieurs insertions.

Dans l'attente de vous lire, nous vous présentons, Mesdames, Messieurs, nos sincères salutations.

KAWE Gerätewerk GmbH

P.J.: 1 énoncé de notre annonce

agence *f* **de publicité** Werbeagentur
sur deux colonnes zweispaltig
recommander empfehlen
insertion *f* Inserat
agglomération *f* Ballungsraum, Großstadt
énoncé *m* Text

92 Bitte um Auskunft über eine Messe
Demande de renseignements relative à une foire-exposition

Frankfurter Messegesellschaft
Taunusallee 7

D-60326 Frankfurt am Main

Flins, le 4 septembre ...

Mesdames, Messieurs,

Un de nos fournisseurs, qui a souvent l'occasion de se rendre en Hesse, nous a signalé l'existence d'un salon annuel destiné aux professionnels des arts décoratifs et organisé une fois tous les deux ans dans votre ville.

Travaillant nous-mêmes dans cette branche, nous souhaitons réunir un maximum d'informations concernant ce salon en vue d'une participation éventuelle au printemps prochain.

Nous vous saurions donc gré de bien vouloir nous faire parvenir la documentation correspondante en nous précisant en particulier le pays d'origine et l'activité des exposants, leur nombre et le nombre de visiteurs de ces salons. Dans le cas où, comme nous en sommes persuadés, vos renseignements s'avéreraient confirmer l'intérêt que nous portons à cette manifestation, il est tout à fait vraisemblable que nous vous recontacterons pour vous demander de nous envoyer un dossier d'inscription.

Dans l'attente de votre réponse, nous vous prions de croire, Mesdames, Messieurs, à l'assurance de nos sentiments les meilleurs.

DECOREL S.A.R.L.

se rendre
sich begeben, fahren
la Hesse Hessen
salon *m* (Fach)Messe
arts *m/pl* **décoratifs**
Kunstgewerbe, Kunsthandwerk
réunir des informations
Informationen zusammentragen
en vue de
im Hinblick auf
participation *f*
Teilnahme
savoir gré de
dankbar sein für
exposant *m*
Aussteller
porter de l'intérêt à qc
Interesse für etwas bekunden
manifestation *f*
Veranstaltung
dossier *m* **d'inscription**
Anmeldungsunterlagen

Teilnahme an einer internationalen Messe
Participation à une foire internationale

93

Wolfert GmbH
A l'attention de Madame Frey
Reinhold-Weinreich-Allee 11

D-90765 Fürth

Orléans, le 23 janvier ...

Madame,

Nous avons le plaisir de vous faire savoir que nous exposerons à la Foire de Hanovre du 22 au 27 avril prochain.

Notre première participation à cette prestigieuse manifestation s'inscrit dans le cadre d'une nouvelle politique commerciale visant à développer notre activité sur les marchés européens en général et allemand en particulier.

Nous serions très heureux de vous accueillir à notre stand situé dans le hall 7, niveau 2, stand n°4 et pourrions à cette occasion vous présenter nos tous derniers modèles.

Vous trouverez ci-joint deux cartes d'invitation dont nous vous souhaitons dès maintenant bonne réception.

Dans l'attente de votre visite, nous vous prions d'agréer, Madame, l'expression de nos sentiments dévoués.

Jérôme Vandenbroucke
Président-Directeur Général

foire *f* Messe
à l'attention de zu Händen von
exposer ausstellen
Hanovre Hannover
manifestation *f* Veranstaltung
cadre *m* Rahmen
visant à mit dem Ziel

94 Verkaufsvertrag
Contrat de vente

Poitiers, le 24 mars ...

Contrat de vente

La société CLAIRMONTEL S.A.R.L, Poitiers, ci-après désignée sous l'appellation de vendeur et représentée par son gérant, M. Jean-Claude Garennes, et la société VBS AG, Hildesheim (Allemagne), ci-après désignée sous l'appellation d'acheteur et représentée par son Directeur du service achats, Monsieur Alex Steininger, ont conclu le 3 juillet le présent contrat de vente, aux termes duquel les deux parties contractantes sont convenues des dispositons suivantes:

Le vendeur s'engage à livrer, dans le respect des normes reconnues et conformément aux descriptions dimensionnelles et qualitatives spécifiées dans l'annexe 1 du présent accord,

> une chaîne d'assemblage de pièces métalliques automatisée entrant dans la fabrication de moteurs électriques,

la livraison devant intervenir dans un délai de six mois à compter de la date d'entrée en vigueur du contrat.

Le vendeur aura à charge de choisir et d'utiliser des emballages et conteneurs adéquats, tout emballage défectueux ayant conduit à une détérioration des marchandises livrées autorisant l'acheteur à se retourner contre son fournisseur. La livraison se fera à l'usine du vendeur. Celui-ci prendra le soin de préciser en temps utile la date exacte à laquelle il mettra à la disposition du transporteur routier mandaté par l'acheteur les marchandises qui lui sont destinées.

.../...

ci-après désigné sous l'appellation de vendeur im folgenden Verkäufer genannt
service *m* **des achats** Einkaufsabteilung
aux termes duquel laut dessen
convenir de vereinbaren
s'engager à sich verpflichten
annexe *f* Anlage, Anhang
présent vorliegend
intervenir erfolgen
à compter de ab
entrée *f* **en vigueur** Inkrafttreten
défectueux, -euse mangelhaft
détérioration *f* Beschädigung
se retourner contre zur Rechenschaft ziehen
fournisseur *m* Lieferant
en temps utile rechtzeitig
mandater beauftragen

-2-

L'acheteur, de son côté, s'engage à prendre livraison de la marchandise et à en régler le montant selon les modalités convenues, étant entendu que le vendeur demeurera propriétaire des biens livrés jusqu'au paiement intégral de leur prix.

Le règlement s'effectuera sous forme de virements bancaires fractionnés de la façon suivante:

- 15 % d'acompte
- 60 % à réception
- 25 % après montage et installation des équipements livrés.

Le montant total de la transaction s'élève à FF 675.000 HT, prix détaillé dans l'annexe 2. La prestation du vendeur inclut en outre des garanties en termes de maintenance, de réparation et d'échange de pièces, conformément aux conditions énoncées dans l'annexe 3.

Le présent contrat est régi par le droit français et prendra effet lors du versement de l'acompte indiqué ci-dessus; les trois annexes qu'il comprend en sont partie intégrante. Tout litige relatif à son exécution relèvera de la compétence exclusive du tribunal de commerce de Poitiers.

Lu et approuvé

CLAIRMONTEL S.A.R.L.	VBS AG
Jean-Claude Garennes Gérant	Edwin Steininger Directeur des achats

propriétaire *m* Eigentümer
biens *m/pl* Güter, Waren
intégral vollständig
virement *m* Überweisung
acompte *m* Anzahlung
à réception bei Erhalt
s'élever à betragen, sich belaufen auf
prestation *f* Leistung
inclure einschließen, umfassen
maintenance *f* Wartung, Instandhaltung
énoncer anführen
le contrat est régi par le droit français maßgebend für diesen Vertrag ist das französische Recht
prendre effet wirksam werden
partie *f* **intégrante** Bestandteil
litige *m* Rechtsstreit
relever de la compétence de der Zuständigkeit unterliegen
lu et approuvé (vor)gelesen und genehmigt

95 Vermittlung eines Exportgeschäftes
Communication d'une possibilité d'exporter

BUROMAT S.A.R.L.
45, rue Ernest Renan

37000 Tours

Zürich, le 17 avril ...

Messieurs,

Un important client allemand de Coblence, auquel j'ai récemment rendu visite, m'a demandé de lui communiquer, pour un de ses partenaires commerciaux, l'adresse d'un exportateur français d'accessoires de bureau.

Ce partenaire travaille dans le service achats d'une grande société de distribution d'objets publicitaires et de cadeaux d'affaires (accessoires de maison, de voyage, de maroquinerie... et en particulier de bureau) qui envisage d'étoffer son catalogue en vue d'une opération de publipostage à l'échelon national, ces nouveaux catalogues devant être adressés à plus de 7.000 sociétés sélectionnées dans toute l'Allemagne.

Ce distributeur, désireux de diversifier ses sources d'approvisionnement, est actuellement à la recherche de nouveaux partenaires qui puissent lui livrer, aux meilleures conditions, des articles entrant dans les catégories énumérées ci-dessus.

Outre le rapport qualité-prix, je crois que c'est avant tout l'originalité des articles qui lui seront soumis qui seraient de nature à le séduire. J'ai par ailleurs noté qu'il souhaitait en particulier trouver des fournisseurs capables de lui offrir des objets personnalisés par impression d'un logo, d'une raison sociale ou d'un quelconque message.

.../...

Coblence Koblenz
rendre visite à qn j-n besuchen
service *m* **achats** Einkaufsabteilung
objet *m* **publicitaire** Werbeartikel
cadeau *m* **d'entreprise** Werbegeschenk
en vue de im Hinblick auf
publipostage *m* Mailing
à l'échelon national auf nationaler Ebene
source *f* **d'approvisionnement** Bezugsquelle
énumérer aufzählen
rapport *m* **qualité-prix** Preis-Leistungs-Verhältnis
séduire zusagen, überzeugen
impression *f* Aufdruck
quelconque beliebig

–2–

J'ai pensé qu'il y avait là une opportunité à saisir pour votre société, qui, si mes informations sont exactes, serait à même de répondre aux exigences de ce client potentiel que je vous suggère de contacter à l'adresse suivante:

PROMOTEC GmbH
A l'attention de M. Andreas Ludwig
Mörikestrasse 5, D-65807 Wiesbaden

J'ajoute que votre adresse m'a été fournie par la Chambre de commerce de Tours, auprès de laquelle je m'étais préalablement renseigné. Ma démarche n'ayant d'autre but que de rendre service à un bon client et, éventuellement, à votre société, il est donc clair que je ne réclame ni n'attends aucune commission ou gratification d'aucune sorte.

Veuillez agréer, Messieurs, mes salutations distinguées.

Jean-Christophe Huet

saisir wahrnehmen
être à même de in der Lage sein
répondre aux exigences den Anforderungen entsprechen
suggérer vorschlagen
fournir mitteilen
préalablement zuvor
démarche *f* Initiative
réclamer verlangen

96 Bitte um einen Geschäftstermin
Demande de rendez-vous d'affaires

MANZ GmbH & Co. KG
A l'attention de M. Manz

D-52074 Aachen

Monsieur,

Suite à notre premier contact téléphonique de ce matin, j'ai le regret de vous confirmer qu'il me sera impossible, en raison d'un emploi du temps particulièrement chargé ce mois-ci, de répondre à votre invitation à venir à Aix-la-Chapelle pour discuter des relations d'affaires que nous pourrions nouer très prochainement.

Permettez-moi cependant, à défaut de pouvoir vous rencontrer, de vous demander si vous pourriez recevoir chez vous un de mes proches collaborateurs, M. Eric Marot, qui sera en déplacement en Allemagne la semaine prochaine. En sa qualité de directeur technique, M. Marot sera certainement à même de vous présenter notre production et de vous soumettre une offre en fonction de vos besoins.

Je vous serais donc reconnaissant, si cette proposition vous agrée, de bien vouloir nous recontacter dans les meilleurs délais pour fixer la date exacte à laquelle M. Marot pourrait se présenter au siège de votre entreprise.

Vous remerciant à l'avance de l'accueil que vous voudrez bien réserver à ma demande, je vous prie d'agréer, Monsieur, ...

MIDUEL S.A.R.L.
Antonin Dourdan
Gérant

en raison de auf Grund
un emploi du temps chargé einen vollen Terminplan
Aix-la-Chapelle Aachen
nouer des relations d'affaires Geschäftsbeziehungen anknüpfen
à défaut de pouvoir vous rencontrer da ich Sie nicht treffen kann
collaborateur *m* Mitarbeiter
en déplacement dienstlich unterwegs
en sa qualité de als
être à même de in der Lage sein zu
soumettre une offre ein Angebot unterbreiten
agréer zusagen
dans les meilleurs délais baldmöglichst

Verschiebung eines Geschäftstermins
Report d'un rendez-vous d'affaires

97

Télécopie

Concerne: notre rendez-vous du 6 octobre	De: Olivier Péan
Nombre de pages total: 1	A: Erwin Loh WLT Verlag AG

Date: 23/9/ ...

Monsieur,

En raison de la visite d'un important client en début de semaine prochaine, j'ai dû reporter la date de ma visite au Salon du livre de Francfort et ne pourrai donc pas vous y rencontrer le 6 octobre prochain.

En effet, je n'arriverai à Francfort que le mercredi 8 en fin de matinée. Je me rendrai immédiatement à notre stand n° 13A, hall 22, où nous pourrions nous voir dans le courant de l'après-midi.

Puis-je vous demander de me recontacter dans les meilleurs délais au téléphone ou bien par fax afin que nous puissions fixer un rendez-vous en fonction de vos disponibilités?

Avec mes cordiales salutations

Editions Livredor
Olivier Péan

en raison de
auf Grund von
reporter
verschieben
en fin de matinée
am späten Vormittag
en fonction de vos disponibilités
wann es Ihnen genehm ist

98 Anfrage an eine Beraterfirma
Demande à une société de conseil

MCM G.m.b.H
Wiesenauerstr. 4

A-1090 Vienne

Lyon, le 7 avril ...

Messieurs,

Les services commerciaux de l'Ambassade de France à Vienne nous ont communiqué votre adresse en précisant que votre société était spécialisée dans l'assistance à l'implantation de firmes étrangères et en particulier françaises sur le territoire autrichien.

Fabricants de matériel et d'installations de manutention pour entreprises, hôtels et établissements hospitaliers, nous sommes présents dans différents pays de l'Union européenne et projetons de nous établir en Autriche, pays avec lequel nous n'avons jusqu'à présent effectué que des transactions sporadiques par l'intermédiaire de notre filiale allemande.

L'un des principes propres à notre politique d'implantation à l'étranger a toujours été de tenir compte, dans le choix de notre structure d'implantation, des spécificités locales mais aussi de la nature et de l'ampleur des marchés à traiter. Voilà pourquoi nous faisons appel aujourd'hui à vos services, dans l'espoir que vous serez à même de nous aider dans notre approche du marché autrichien, à partir duquel nous pourrions envisager à terme de prospecter les marchés hongrois, tchèques et slovaques, mais également celui de la Slovénie.

.../...

implantation *f* Ansiedlung
installations *f/pl* **de manutention** Umschlaganlage
s'établir sich niederlassen
tenir compte de berücksichtigen
nature *f* Beschaffenheit
ampleur *f* Umfang
traiter un marché einen Markt bearbeiten
à terme langfristig
prospecter un marché einen Markt untersuchen

-2-

Afin de compléter les informations en notre possession, nous aurions besoin d'une analyse complète du marché autrichien, de ses débouchés potentiels et de son accessibilité (concurrence nationale et étrangère, etc.). En outre, nous souhaiterions pouvoir bénéficier de vos conseils sur des questions primordiales telles que le lieu ou encore la forme juridique à retenir pour la représentation que nous pourrions y créer.

Nous joignons à cette lettre un dossier complet de documentation qui vous donnera un reflet fidèle de nos activités et de nos objectifs. Nous nous tenons naturellement à votre entière disposition pour tout renseignement complémentaire et serions heureux de pouvoir compter sur votre collaboration pour atteindre le but que nous nous sommes fixé.

Veuillez agréer, Messieurs, l'expression de nos sentiments les meilleurs.

ABRIAL S.A.

P.J.: Un dossier de documentation

débouchés *m/pl* **potentiels** Absatzmöglichkeiten
accessibilité *f* Zugänglichkeit
forme *f* **juridique** Rechtsform
retenir in Betracht ziehen
donner un reflet fidèle de genau widerspiegeln
se tenir à la disposition de qn zu j-s Verfügung stehen
collaboration *f* Mithilfe, Mitarbeit
se fixer un objectif sich ein Ziel setzen

99 Kontaktaufnahme mit einer ausländischen Vertriebsfirma
Prise de contact avec un distributeur étranger

Ruhrberg
Zeitschriftenvertrieb GmbH
Edzard-Hoesch-Str. 50

D-22049 Hamburg

Paris, le 2 mars ...

Mesdames, Messieurs,

Editeurs d'une vingtaine de périodiques en France, en Belgique et en Suisse, nous envisageons, dans le souci d'internationaliser nos activités, de lancer un ou plusieurs magazines en Allemagne. Les publications que nous souhaiterions mettre en vente seraient destinées à un public germanophone, c'est-à-dire conçues en langue allemande parallèlement à la version française d'un magazine déjà existant.

C'est dans cette perspective que nous prenons la liberté de vous contacter, votre maison nous ayant été citée comme étant une importante société de distribution de périodiques sur le marché allemand.

L'introduction d'une publication dans un pays étranger nécessitant, outre des investissements massifs, une connaissance sans faille des structures et des particularités du marché en question, nous nous permettons par la présente de solliciter votre concours dans notre entreprise de prospection du marché allemand. Nous vous serions tout particulièrement reconnaissants de nous préciser quelles sont les opportunités qu'offre actuellement le secteur de la presse allemande, ceci afin que nous puissions déterminer, d'après les informa-

.../...

éditeur *m*
Herausgeber
dans le souci de
im Bestreben zu
lancer
auf den Markt bringen
société *f* **de distribution**
Vertriebsgesellschaft
introduction *f*
Einführung
sans faille
lückenlos
solliciter
bitten, ersuchen um
concours *m* Mithilfe
prospection *f* **de marché**
Marktuntersuchung
opportunité *f*
Marktchance

-2-

tions que vous aurez bien voulu nous donner, lequel de nos magazines serait le plus apte à être commercialisé en Allemagne.

Nous espérons que ce courrier saura retenir votre attention et que vous y donnerez suite. Il va sans dire que, si le projet dont nous venons de vous exposer les grandes lignes devait effectivement être réalisé, nous pourrions donner suite à cette prise de contact et vous proposer la conclusion d'un contrat de distribution exclusive de nos périodiques en Allemagne.

Veuillez agréer, Mesdames, Messieurs, l'expression de nos salutations distinguées.

Editions du Tigre Blanc
André Goldman

commercialiser
vermarkten
mettre à exécution
durchführen
exposer en grandes lignes
umreißen, in großen Zügen darstellen
conclusion *f*
Abschluß
contrat *m* **de distribution**
Alleinvertriebsabkommen

100 Antwort der Vertriebsfirma
Réponse du distributeur

Editions du Tigre Blanc
A l'attention de M. Goldman
27, rue Marcel-Guilbault

F-75007 Paris

Hamburg, le 10 mars ...

Monsieur,

Suite à votre demande sur les particularités et opportunités du marché de la presse allemande, nous sommes en mesure de vous fournir les renseignements suivants.

La presse allemande se caractérise par une grande variété, voire une surabondance de magazines en kiosque. Certains segments de ce marché peuvent d'ores et déjà être considérés comme irrémédiablement saturés; d'autres secteurs, notamment la presse spécialisée dans les loisirs ou bien encore l'informatique, sont en revanche en plein essor.

Du fait de l'offre considérable qui règne sur le marché, le lecteur allemand est particulièrement exigeant et attache une grande importance, tant à la qualité de la présentation qu'à celle du contenu des revues qu'il achète.

Les règles régissant la distribution des journaux et magazines en Allemagne diffèrent sensiblement de celles en vigueur dans votre pays. Il vous sera de ce fait indispensable de vous conformer aux usages allemands et de vous assurer les services d'un distributeur sur place avant de procéder à la mise en vente d'une ou de plusieurs de vos publications.

.../...

demande *f* Anfrage
opportunité *f* Marktchance
variété *f* Vielfalt
irrémédiablement hoffnungslos
saturé gesättigt
en revanche dafür, dagegen
être en plein essor in vollem Aufschwung sein
exigeant anspruchsvoll
attacher une grande importance à großen Wert legen auf
présentation *f* Aufmachung
régir regeln
en vigueur geltend
indispensable notwendig, unerläßlich
usages *m/pl* Gepflogenheiten
mise *f* **en vente** Einführung

-2-

Par ailleurs, les éditeurs étrangers sont tenus de consentir aux différents intermédiaires du circuit de distribution traditionnel (grossistes et détaillants) des marges identiques à celles offertes par les maisons d'édition allemandes.

Le prix de vente des magazines appelés à être distribués en Allemagne devra être calculé de façon à tenir compte de ces marges et ne devrait pas excéder DM 9,80. Nous vous conseillons vivement de le fixer dans une fourchette allant de 4 à 7 DM selon la diffusion et le nombre de pages prévus.

Très intéressés par votre projet, nous souhaiterions participer à sa réalisation et vous proposons pour cela de nous rencontrer, ici à notre siège ou bien à Paris, afin de discuter plus en détail des conditions dans lesquelles pourrait s'opérer le lancement d'un premier magazine.

Nous vous prions de croire, Monsieur, à l'assurance de nos sentiments les meilleurs.

Ruhrberg Zeitschriftenvertrieb GmbH

Otto Herling
- Responsable import -

intermédiaire *m* Zwischenhändler
être tenu de verpflichtet, gehalten sein zu
consentir gewähren
circuit *m* **de distribution** Vertriebsweg
détaillant *m* Einzelhändler
marge *f* Gewinnspanne
maison *f* **d'édition** Verlag
tenir compte de berücksichtigen
excéder überschreiten
dans une fourchette allant de ... à ... in einer Größenordnung von ... bis ...
s'opérer erfolgen

Anhang

Handelsübliche Abkürzungen

A.G. (A.G.O., A.G.E.)	assemblée générale (ordinaire/extraordinaire)	(ordentliche / außerordentliche) Hauptversammlung
A.O.C.	Appellation d'origine contrôlée	geprüfte Herkunftsbezeichnung
(lettre avec) A.R.	accusé de réception	mit Rückantwort
(Carnet) A.T.A.	admission temporaire / temporary admission	(Carnet) ATA
attn (de)	à l'attention de	z.H. von
av.	avenue	Straße, Allee
bd	boulevard	Straße, Boulevard
B.P.	boîte postale	Postfach
B.P.F. *(auf Scheck)*	Bon pour ... francs	Betrag in Francs
B.T.P.	Bâtiment et travaux publics	Bauwesen, Bauwirtschaft
C.A.	1. chiffre d'affaires 2. conseil d'administration	1. Umsatz 2. Verwaltungsrat (Leitungsorgan einer franz. AG)
c.à.d.	c'est-à-dire	d.h. (das heißt)
C.A.F.	coût, assurance et fret (... port de destination convenu)	Kosten, Versicherung, Fracht (... benannter Bestimmungshafen)
C.C.P.	compte chèque postal, compte courant postal	Postbank, Postgirokonto
Cedex	courrier d'entreprise à distribution exceptionnelle	Sammelpostamt für gesondert zugestellte Firmenpost
Cf., cf.	confer, voir	s. (siehe)
franc C.F.A.	C.F.A. = Communauté financière africaine	Währung zahlreicher ehem. franz. Kolonien in Afrika
C.F.R.	coût et fret (... port de destination convenu)	Kosten und Fracht (... benannter Bestimmungshafen)
Cie	compagnie	Co. (Handelsgesellschaft)
C.I.P.	port payé, assurance comprise jusqu'à (... lieu de destination convenu)	Frachtfrei versichert (... benannter Bestimmungsort)
cl.	classe	Klasse
c/o	care of	z. H. von
C/P	charte-partie	Chartepartie
C.P.T.	port payé jusqu'à (... lieu de destination convenu)	Frachtfrei (... benannter Bestimmungsort)

ct.	courant	dieses Monats, d. M.
C. V.	Curriculum vitae	Lebenslauf
D/A	documents contre acceptation	Dokumente gegen Akzept
D. A. F.	rendu frontière (... lieu convenu)	Geliefert Grenze (... benannter Ort)
D. D. P.	rendu droits acquittés (... lieu de destination convenu)	Geliefert verzollt (... benannter Ort)
D. D. U.	rendu droits non acquittés (... lieu de destination convenu)	Geliefert unverzollt (... benannter Ort)
D. E. Q.	rendu à quai (droits acquittés) (... port de destination convenu)	Geliefert ab Kai (... benannter Bestimmungshafen)
D. E. S.	rendu ex ship ... (port de destination convenu)	Geliefert ab Schiff (... benannter Bestimmungshafen)
D. O. M. (-T. O. M.)	Départements (et territoires) d'outre-mer	franz. Überseegebiete
D/P	documents contre paiement	Dokumente gegen Kasse
dz.	douzaine	Dutzend
E. C. U. [eky]	European Community Currency	Europäische Währungseinheit
env.	environ	ca.
Ets	Etablissements	Firma, Fa.
E. U.	Etats-Unis	USA
E. U. R. L.	entreprise unipersonnelle à responsabilité limitée	Ein-Mann-GmbH
EXW	départ usine ... (lieu convenu)	Ab Werk (benannter Ort)
F, FF	franc, franc français	Franc, Franz. Franc
F. A. S.	franco le long du navire (... port d'embarquement convenu)	frei Längsseite Seeschiff (... benannter Verschiffungshafen)
FB, FL	franc belge, luxembourgeois	Belgischer, luxemburgischer Franc
F. C. A.	franco transporteur (... lieu convenu)	Frei Frachtführer (... benannter Ort)
F. O. B.	franco bord (... port de destination convenu)	Frei an Bord (... benannter Verschiffungshafen)
G. I. E.	groupement d'intérêt économique	*etwa* wirtschaftliche Interessengemeinschaft
G.V.	grande vitesse	(als) Eilgut
H. T.	hors taxes	Steuern und Abgaben nicht inbegriffen
id.	idem	ebenso
L. C. R.	lettre de change-relevé	*etwa* EDV-Wechselformular
L.T. A.	lettre de transport aérien	Luftfrachtbrief

Me	Maître	*(Anrede für einen Anwalt bzw. Notar)*
Moci	Moniteur du commerce international	Franz. Wirtschaftszeitschrift
N. B.	nota bene / notez bien	nota bene
N. F.	Norme française	Franz. Norm
n°	numéro	Nummer, Nr.
NOREX	Normes et règlements techniques pour l'exportation	technische Normen und Regelungen für den Export
N/Réf.	Notre référence	Unser Zeichen
O. P. A.	offre publique d'achat	Übernahmeangebot
O. P. E.	offre publique d'échange	Umtauschangebot
p.	page	Seite, S.
P. A. C.	Politique agricole commune	gemeinsame Agrarpolitik (der EU)
P. A. C. A.	Provence-Alpes-Côte d'Azur	*(Region zwischen Marseille und Nizza)*
P. C. V.	paiement contre vérification	R-Gespräch
P.-D. G., PDG	Président-directeur général	(bevollmächtigter geschäftsführender) Verwaltungsratsvorsitzender
P. E. C. O.	pays d'Europe Centrale et orientale	Mittel- und osteuropäische Reformstaaten
P. E. E.	poste d'expansion économique	Handelsabteilung der franz. Konsulate im Ausland
p. ex.	par exemple	z. B.
P. I. B.	produit intérieur brut	Bruttoinlandsprodukt, BIP
P. J.	pièce jointe	Anlage
Pl.	place	Platz
P. M. E.	petite(s) et moyenne(s) entreprise(s)	Kleine und mittlere Unternehmen, KMU
P. M. I.	petite(s) et moyenne(s) industrie(s)	mittelständische Industrie
p. o.	par ordre	im Auftrag, i. A.
p. p.	par procuration	per procura
P. V.	petite vitesse	(als) Frachtgut
P. V. D.	pays en voie de développement	Entwicklungsländer
qch., qqch.	quelque chose	etwas
qn, qqn	quelqu'un	jemand
R. A.	régime accéléré	(als) Eilgut
R. C. S.	Registre du commerce et des sociétés	Handelsregister
R.E.	régime exprès	(als) Expreßgut
Réf.	référence	Artikelnummer, Art.-Nr.

R.F.A.	République Fédérale d'Allemagne	BRD
R.I.B.	relevé d'identité bancaire	„Nachweis der Bankverbindung"
R.I.P.	relevé d'identité postale	„Nachweis für Kunden der Postbank"
R.O.	régime ordinaire	(als) Frachtgut
r.s.v.p.	réponse s'il vous plaît	um Antwort wird gebeten, u.A.w.g.
R.V.	rendez-vous	Termin
S.A.	société anonyme	Aktiengesellschaft, AG
S.A.R.L.	société à responsabilité limitée	Gesellschaft mit beschränkter Haftung, GmbH
S.A.V.	service après-vente	Kundendienst
S.C.P.A.	société en commandite par actions	Kommanditgesellschaft auf Aktien, KGaA
S.C.S.	société en commandite simple	Kommanditgesellschaft, KG
S.I.R.E.N.E.	Système informatique du répertoire des entreprises et des établissements	zentraler EDV-Katalog der franz. Unternehmen
S.I.R.E.T.	Système informatique du répertoire des établissements	zentraler EDV-Katalog der franz. Unternehmen
S.M.E.	Système monétaire européen	Europäisches Währungssystem, EWS
S.N.C.	société en nom collectif	offene Handelsgesellschaft, OHG
S.S.I.I.	sociétés de services et d'ingénierie informatique	Softwarefirma
Sté	société	Gesellschaft
S.V.P.	s'il vous plaît	bitte
Tél.	téléphone	Telefonnummer
T.I.R.	Transit international routier	Internationaler Straßengüterverkehr
Tlj.	tous les jours	täglich
T.S.V.P.	Tournez s'il vous plaît	bitte wenden
T.T.C.	Toutes taxes comprises	einschließlich aller Steuern
T.V.A.	taxe sur la valeur ajoutée	Mehrwertsteuer, MWSt
V.D.Q.S.	vin délimité de qualité supérieure	Qualitätswein aus bestimmten Anbaugebieten, QbA
V.P.C.	vente par correspondance	Versandhandel
V/Réf.	votre référence	Ihr Zeichen
V.R.P.	voyageur, représentant, placier	Handlungsreisender
V.S.O.P.	very superior/special old pale	Qualitätsbezeichnung für in Eichenfässern abgelagerten Cognac
Z.I.	zone industrielle	Industriegebiet

Handelsorganisationen

A.E.L.E.	Association européenne de libre-échange.	EFTA
A.F.N.O.R.	Association française de normalisation	Franz. Normenausschuß
A.I.T.A.	Association internationale des transports aériens	Internationaler Luftverkehrsverband, IATA
A.L.E.N.A.	Association de libre-échange nord-américaine	NAFTA
B.F., BdF,	Banque de France	*etwa* Bundesbank
B.F.C.E.	Banque française du commerce extérieur	Franz. Außenhandelsbank
B.N.P.	Banque Nationale de Paris	*Franz. Großbank*
C.C.I	Chambre de commerce et d'industrie	Industrie- und Handelskammer, IHK
C.E.E.	Communauté économique européenne	EWG
C.E.I.	Communauté des Etats indépendants	Gemeinschaft unabhängiger Staaten, GUS
CL	Crédit Lyonnais	*Franz. Großbank*
COFACE	Compagnie française d'assurance pour le commerce extérieur	Staatliche franz. Ausfuhrversicherungsanstalt
E.E.E.	Espace économique européen	Europäischer Wirtschaftsraum, EWR
F.M.I.	Fonds monétaire international	Internationaler Währungsfonds
I.N.S.E.E.	Institut national de la statistique et des études économiques	*etwa* Statistisches Bundesamt
O.C.D.E.	Organisation de coopération et de développement économiques	OECD
O.M.C.	Organisation mondiale du commerce	Welthandelsorganisation, WTO
O.N.U.	Organisation des Nations unies	UNO
O.P.E.P.	Organisation des pays exportateurs de pétrole	OPEC
S.N.C.F.	Société nationale des chemins de fer français	Franz. Staatsbahn
S.O.P.E.X.A.	Société pour l'expansion des produits agricoles et alimentaires	Förderungsgemeinschaft für franz. Lebensmittel und Landwirtschaftserzeugnisse
U.E.	Union européenne	Europäische Union, EU

Länderverzeichnis und Länderwährungen

Pays Land		Unité monétaire Währungseinheit	Adjectif Ajektiv
l'Algérie	Algerien	le dinar algérien	algérien, -ne
l'Allemagne	Deutschland	le mark	allemand, -e
l'Argentine	Argentinien	le peso	argentin, -e
l'Australie	Australien	le dollar australien	australien, -ne
l'Autriche	Österreich	le schilling	autrichien, -ne
la Belgique	Belgien	le franc belge	belge
la Bosnie-Herzégovine	Bosnien-Herzegowina	le dinar bosnien-herzégovien	bosniaque / bosnien, -ne
le Brésil	Brasilien	le real	brésilien, -ne
la Bulgarie	Bulgarien	le lev	bulgare
le Canada	Kanada	le dollar canadien	canadien, -ne
le Chine	China	le yuan	chinois, -e
la Croatie	Kroatien	le dinar croate	croate
le Danemark	Dänemark	la couronne danoise	danois, -e
l'Egypte	Ägypten	la livre égyptienne	égyptien, -ne
l'Espagne	Spanien	la peseta	espagnol, -e
l'Estonie	Estland	le kroon	estonien, -ne
les Etats-Unis d'Amérique	die Vereinigten Staaten von Amerika, USA	le dollar	américain, -e
la Finlande	Finnland	le marka	finlandais, -e
la France	Frankreich	le franc français	français, -e
la Grèce	Griechenland	la drachme	grec, grecque
la Hongrie	Ungarn	le forint	hongrois, -e
l'Irlande / Eire	Irland	la livre irlandaise	irlandais, -e
l'Inde	Indien	la roupie indienne	indien, -ne
Israël	Israel	le shekel	israélien, -ne
l'Italie	Italien	la lire	italien, -ne
le Japon	Japan	le yen	japonais, -e / nippon, -(n)e
la Lettonie	Lettland	le latvian	letton, -e
le Liechtenstein	Liechtenstein	le franc suisse	liechtensteinois, -e
la Lituanie	Litauen	le litas	lituanien, -ne
le Luxembourg	Luxemburg	le franc luxembourgeois	luxembourgeois, -e
la Macédoine	Mazedonien	le dinar macédonien	macédonien, -ne
Malte	Malta	la livre maltaise	maltais, -e
le Maroc	Marokko	le dirham	marocain, -e
le Mexique	Mexiko	le nouveau peso	mexicain, -e
Monaco	Monaco	le franc français	monégasque
la Norvège	Norwegen	la couronne norvégienne	norvégien, -ne

les Pays-Bas	die Niederlande	le florin	hollandais, -e néerlandais, -e
la Pologne	Polen	le zloty	polonais, -e
le Portugal	Portugal	l'escudo (*m*)	portugais, -e
le Royaume-Uni	Großbritannien und Nordirland	la livre sterling	britannique anglais, -e
la Roumanie	Rumänien	le leu	roumain, -e
la Russie	Rußland	le rouble	russe
la République slovaque	Slowakische Republik	la couronne slovaque	slovaque
la Slovénie	Slowenien	le tolar	slovénien, -ne
la Suède	Schweden	la couronne suédoise	suédois, -e
la Suisse	die Schweiz	le franc suisse	suisse, helvétique
la République tchèque	Tschechische Republik	la couronne tchèque	tchèque
la Tunisie	Tunesien	le dinar tunisien	tunisien, -ne
la Turquie	die Türkei	la livre turque	turc, turque
l'Ukraine	die Ukraine	le karbowanez	ukrainien, -ne
la Yougoslavie	Jugoslawien	le dinar yougoslave	yougoslave

In zahlreichen afrikanischen Ländern (die bis auf eine Ausnahme ehemalige französische Kolonien waren) gilt der Franc CFA (Franc de la Communauté Financière Africaine) als Landeswährung. Es sind dies:

le Bénin, le Burkina-Faso, le Cameroun, la République Centrafricaine, le Congo-Brazzaville, la Côte-d'Ivoire, le Gabon, la Guinée Equatoriale, le Mali, le Niger, le Sénégal, le Tchad, le Togo.

Französische Maße und Gewichte

Mesures de longueur		Längenmaße	
1 µ	micron	**1 µ**	Mikron
1 mm	millimètre	**1 mm**	Millimeter
1 cm	centimètre	**1 cm**	Zentimeter
1 dm	décimètre	**1 dm**	Dezimeter
1 m	mètre	**1 m**	Meter
1 dam	décamètre	**1 dkm**	Dekameter
1 hm	hectomètre	**1 hm**	Hektometer
1 km	kilomètre	**1 km**	Kilometer
1 mille marin (= 1852 m)		**1 sm**	Seemeile

Mesures de surface		Flächenmaße	
1 cm^2	centimètre carré	**1 cm^2** *od.* **qcm**	Quadratzentimeter
1 m^2	mètre carré	**1 m^2** *od.* **qm**	Quadratmeter
1 km^2	kilomètre carré	**1 km^2** *od.* **qkm**	Quadratkilometer
1 a	are (= 100 m^2)	**1 a**	Ar
1 ha	hectare	**1 ha**	Hektar

Mesures de volume		Raummaße	
1 cm^3	centimètre cube	**1 cm^3** *od.* **ccm**	Kubikzentimeter
1 m^3	mètre cube	**1 m^3** *od.* **cm**	Kubikmeter
1 m^3	mètre cube	**1 fm**	Festmeter
1 st	stère	**1 rm**	Raummeter
1 tonneau (de jauge) (= 2,83 m^3)		**1 RT**	Registertonne

Mesures de capacité		Hohlmaße	
1 ml	millilitre	**1 ml**	Milliliter
1 cl	centilitre	**1 cl**	Zentiliter
1 dl	décilitre	**1 dl**	Deziliter
1 l	litre	**1 l**	Liter
1 hl	hectolitre	**1 hl**	Hektoliter

Poids		Gewichte	
1 mg	milligramme	**1 mg**	Milligramm
1 cg	centigramme	**1 cg**	Zentigramm
1 dg	décigramme	**1 dg**	Dezigramm
1 g	gramme	**1 g**	Gramm
1 hg	hectogramme	**1 hg**	Hektogramm
1 livre		**1 Pfd.**	Pfund
1 kg	kilogramme	**1 kg**	Kilogramm
50 kg		**1 Ztr.**	Zentner
1 q	quintal (= 100 kg)	**1 dz**	Doppelzentner
1 t	tonne	**1 t**	Tonne

Briefmuster im Original-Layout

Les Editions Françaises

37, rue d'Uzes - 75002 PARIS - TEL. 01 40 32 34 56 - TELECOPIE 01 40 32 55 87

Paris, le 24 mars 19..

Monsieur Gerd Fischer
Dietrich Verlag
Neusser Straße 27

D-80807 München

Objet: Ouvrages remis en spécimens
Année 1995

Cher Monsieur Fischer,

Veuillez trouver ci-joint les listes informatisées des ouvrages remis en spécimens pour la période ci-dessus mentionnée, représentant une valeur nette de 245 DM.

Voudriez-vous avoir l'obligeance de nous faire parvenir une facture d'avoir-consignation du montant correspondant.

Dans l'attente d'une réponse sous peu, nous vous prions de croire, cher Monsieur Fischer, à l'assurance de nos sentiments les meilleurs.

Gilles Boucheron
Directeur des Achats

S.A.R.L. AU CAPITAL DE 300.000 F - CODE APE 5489
RC PARIS B 333417104 - N° SIRET 333 417 104 00048

Bestellung im Original-Layout

Librairie d'Amérique et d'Orient

ADRIEN MAISONNEUVE

Jean MAISONNEUVE Succ.

11, rue Saint-Sulpice - 75006 PARIS

Parking public place Saint-Sulpice **Métro Odéon**

CATALOGUES PÉRIODIQUES
Cartes, Livres
Anciens et Modernes, Rares ou Curieux
en toutes langues relatifs à
l'AMÉRIQUE - l'AFRIQUE - l'ASIE

Histoire, Géographie, Voyages, Ethnographie, Linguistique, Littérature, Sciences des Religions Sociologie, Philosophie, Art, Archéologie

COMMISSION - EXPORTATION

Achat de Livres et de Bibliothèques

TÉLÉPHONE: (1) 43 26 86 35

Ch. post. 849-13 C Paris - 721 015 485 A. R.C. Paris
S.I.R.E.N. 721 015 485 00015

MÉDAILLE D'ARGENT
Exposition internationale 1937
Grand Prix 1958 Exposition Universelle

ÉDITEUR DES PUBLICATIONS
de l'Institut des Hautes Études Indiennes.
de l'Institut d'Études Islamiques.
du Musée Guimet.

DÉPOSITAIRE DES PUBLICATIONS DE
Collège de France à Paris.
École Française d'Extrême-Orient à Paris.
Instituts d'Asie.
Institut Français de Damas.
Institut Français d'Archéologie d'Istanbul.
Institut Français d'Indologie à Pondichéry.
Institut Franco-Iranien à Téhéran.
Musée des Antiquités de Beyrouth.
Musée Nicolas Sursok à Beyrouth.
Société des Études Indochinoises.

QUELQUES PUBLICATIONS

AUBERT. *Statuettes égyptiennes, Chaouabtis, Ouchebtis.*
AVESTA trad. Darmesteter.
BARDO THODOL. Le Livre des morts tibétains.
BERNARD. *La Bactriane sous les Kushans.*
BHAGAVATA PURANA (5 tomes en 4 volumes)
Bibliothèque Archéologique et Historique de l'Institut Français d'Archéologie d'Istanbul.
Bibliothèque Iranienne.
el-BOKHARI (4 vol.).
Bulletin d'Études Orientales.
Bulletin du Musée de Beyrouth.
CHAVANNES. *Mémoires Historiques de Se Ma Ts'ien.*
FIRDOUSI Shah Nameh (7 vol. texte et traduction).
GIRAUDEAU et GORÉ. *Dictionnaire Français-Tibétain.*
HOBOGIRIN. *Dictionnaire Encyclopédique du Bouddhisme, d'après les sources chinoises et japonaises.*
IDRIS. *La berberie orientale sous les Zirides.*
INITIATION A L'ISLAM.
JEAN-LÉON L'AFRICAIN. *Description de l'Afrique.*
LEFEBVRE. *Romans et contes égyptiens.*
Le Lotus de la Bonne Loi.
Le « POPUL VUH »... d'après le livre du Conseil.
PELLIOT. *Œuvres posthumes.*
Publications de l'École Française d'Extrême-Orient.
RAMAYANA (3 vol.).
ROBERT. *Hellenica.*
ROUX. *Le cheval barbe.*
SÉMITICA.
STARCKY et GAWLIKOWSKI. *Palmyre.*
STCHOUPAK (N.), NITTI (L.), RENOU (L.). *Dictionnaire sanskrit-français.*
TABOULET. *La Geste Française en Indochine.*
TISSOT, *Gandhâra.*
YI-KING.
YOGA TIBÉTAIN (Le) et les doctrines secrètes.

Dépôts ou magasinage: Les marchandises, manuscrits et documents, quelle que soit leur importance ou leur valeur et appartenant à des tiers, restent entreposés dans nos locaux ou remises choisis par nos soins à leurs risques et périls et sans aucune assurance contractée par nous, sauf stipulation écrite contraire.

Paris, le 28 septembre 1995

Langenscheidt KG
Neusser Straße 3

80807 München

TVA FR 11 721015485

Commande E 3325
Expédition par poste

Messieurs,

Veuillez nous envoyer avec facture et remise de 40%, les ouvrages suivants:

40 ex. KANJI ET KANA livre d'exercices, tome I
5 ex. KANJI ET KANA livre d'exercices, tome II
5 ex. .KANJI ET KANA livre d'exercices, tome III

En cette attente, nous vous prions d'agréer, Messieurs, l'expression de nos salutations empressées.

Rechnung im Original-Layout

SANIBLOC
Le mobilier de bains qui réfléchit

SIEGE SOCIAL : 20, RUE JULES VALLES 75011 PARIS
TEL. : (1) 43 71 91 41 - FAX : (1) 43 71 84 13 - TELEX : 213527

S.A. AU CAPITAL DE 465 000 F
R.C. PARIS B 702 010 760
SIRET 702 010 760 00016
APE 4901
C.C.P. LA SOURCE 31.608-30 A

LIVRAISON	FACTURATION
	SANITAIRE DINARDAISE
12 RUE DE VERDUN	12 RUE DE VERDUN
35800 DINARD	35800 DINARD

PARIS, LE	TYPE	N°	N° CLIENT	FAM.	REP.	SEC.	TRANSPORT
05/02/92	FACTURE	234	411190000	26	7	35	EXP.TRUSSON

REGLEMENT sur FACTURE .
par CONTRE REMBOURS.

NUMERO COMMANDES	DÉSIGNATION	QTE	P.U. BRUT H.T.	REM. MAJ.	REM. MAJ.	P.U. NET H.T.	MONTANT HORS TAXES	C T
	Notre Bon de Livraison N°	335						
7250	ARMOIRE 990 CLAIRE	1	2.147,00				2.147,00	5
							2.147,00	

TOTAL H.T.	ESC	MONTANT ESC.	BASE TAXABLE	C T	TAXE	MONTANT TAXE	MONTANT T.T.C.
2.147,00	2,00	42,94	2.104,06	5	0,20	4,21	2.108,27
			4,21	3	18,60	0,78	4,99
2.147,00	2,00	42,94	2.104,06	3	18,60	391,36	2.495,42
PORT			106,30	1	18,60	19,77	126,07
TOTAUX		42,94	2.214,57			411,91	2.626,48

CODES TAXE : 0 - EXONÉRÉ
1.2.3. - T.V.A.
5 - CODIFA

ACOMPTE	
NET A PAYER	2.626,48

Alphabetisches Sachregister

Die Zahlen geben die Nummer des Briefes an.